Georg Popp

Der uns trägt und füh

Georg Popp

Der uns trägt und führt

Von Gottes Größe, Liebe und Treue

Mit einem Vorwort von Prof. DDr. Heribert Mühlen

Verlag Friedrich Pustet Regensburg
Quell Verlag Stuttgart

CIP-Kurztitelaufnahme der Deutschen Bibliothek

Popp, Georg:
Der uns trägt und führt : von Gottes Grösse, Liebe u. Treue / Georg Popp. – Regensburg : Pustet ; Stuttgart : Quell-Verlag, 1983.
ISBN 3–7917–0859–7 (Pustet)
ISBN 3–7918–2036–2 (Quell-Verl.)

Bibelzitate aus dem Alten Testament entstammen der »Einheits-Übersetzung«, aus dem Neuen Testament der »Guten Nachricht«.

ISBN 3–7917–0859–7 (Pustet)
ISBN 3–7918–2036–2 (Quell)

Umschlaggestaltung: Peter Loeffler, Regensburg
(Foto: Vollmer/present)
Gesamtherstellung: Friedrich Pustet, Regensburg
Printed in Germany 1983

Für Alfons und Karin,
Bruno und Birgit,
Winfried und Silvia,
Bernhard und ...

»Höre, Israel! Jahwe, unser Gott, Jahwe ist einzig. Darum sollst du den Herrn, deinen Gott, lieben mit ganzem Herzen, mit ganzer Seele und mit ganzer Kraft. Diese Worte, auf die ich dich heute verpflichte, sollen auf deinem Herzen geschrieben stehen. Du sollst sie deinen Söhnen wiederholen. Du sollst von ihnen reden, wenn du zu Hause sitzt und wenn du auf der Straße gehst, wenn du dich schlafen legst und wenn du aufstehst.«

(Dtn 6,4–7)

Inhalt

Leben mit Gott

Danke, Vater!

Vorwort

Man kann dieses Buch nicht unbeteiligt lesen. Es ist nicht ein Buch über Gott, sondern die Darstellung ist zugleich ermutigende, aufdeckende, zur Begegnung führende Ansprache von Gott her. Der Leser sieht sich immer wieder mit dem liebenden, sich herabneigenden, das Leben bis in die alltäglichsten Vorgänge hinein tragenden Gott konfrontiert. Die Sprache ist zupackend, von eigener Lebenserfahrung durchstimmt. Aus dem Inhalt seien folgende Aspekte hervorgehoben:

1. Beeindruckend ist die Hinführung zu der für uns nicht vorstellbaren unendlichen Unendlichkeit Gottes im Rückgang in die endliche Unendlichkeit der Erdgeschichte. Der Leser wird fortgerissen vom Vorstellbaren zum Unvorstellbaren, zum unaussprechlichen Geheimnis Gottes, und dies in kleinen, nachvollziehbaren Schritten. Dabei werden die Erkenntnisse der heutigen Naturwissenschaft so eingebracht, daß der Leser von den vorgelegten Tatsachen zum Staunen über die Größe des Weltalls und vom Staunen zur Anbetung des Schöpfers kommt.

2. Besonders bemerkenswert ist die Hinführung zu einer Wahrnehmung des Handelns Gottes. Der in diesem Buch in Erscheinung tretende Gott der Bibel ist nicht mehr jener Gott der Aufklärung, der als »höchstes Wesen« keinen inneren Geschichtsbezug hat, die Welt lediglich von außen her beobachtet und sie ihren eigenen Gesetzmäßigkeiten überläßt. Der allmächtige und allwissende Gott ist nicht jenes mißtrauische höchste Wesen, das ständig beobachtet, ob der Mensch Gebote erfüllt und Verbote beachtet, sondern die Allmacht Gottes erscheint zugleich als sich erbarmende Liebe, die sich um des Menschen willen Einschränkungen auferlegt. Für die gegenwärtige Situation ist aber ebenso wichtig: Das Buch bewahrt vor der Einseitigkeit, mit der Botschaft von dem drohenden Gott auch seine Gebote hinter sich zu lassen. Gebote sind dem Menschen von einem einfühlsamen und zärtlichen Gott zu seinem Schutz mitgegeben. Sie sind gleichsam die »Gebrauchsanweisung« für das ihm geschenkte Leben.

3. Wer die Aussagen des vorliegenden Buches in sich eindringen läßt, sieht sich erneut und vertieft – oder vielleicht erstmalig – von Gott eingeladen zu Begegnung und Umkehr. Die Angst vor Gott, vor allem die Angst vor den Konsequenzen einer Umkehr zu Gott, wird mehrmals als »dämonisch« bezeichnet. Der Gott der Bibel will nicht in erster Linie Leistung, sondern Vertrauen. Diese Aussage wird als eine der wichtigsten über Gott bezeichnet. Gott überfordert uns nicht, sondern er will uns führen und tragen. Die zitierten Schrifttexte widerlegen die weit verbreitete Meinung, der einzelne müsse zunächst sich selbst in Ordnung

gebracht haben, bevor er die Einladung Gottes zur Begegnung annehmen kann: Gott selbst bringt unser Leben in Ordnung, wenn wir uns ihm vertrauend ausliefern. Die traditionelle Leistungsethik, die den Menschen vor unerfüllbare Forderungen Gottes stellt, ist hier radikal überwunden. Allerdings können wir das Angebot Gottes zur Begegnung und Änderung des Lebens auch schuldhaft ablehnen. Dies ist dann ganz unser eigenes Tun und liefert uns der Tendenz aus, ständig um uns selbst zu kreisen. Von daher werden auch die biblischen Aussagen über den strafenden Gott neu gesehen: Die Gerechtigkeit Gottes ist Ausdruck seiner Sorge um uns und gehört in den Gesamtzusammenhang der Einladung Gottes zur Begegnung.

4. Die Grundaussagen des vorliegenden Buches erschließen auf einladende Weise den Entscheidungscharakter des Christseins und sind somit ein wichtiger Beitrag zur Erneuerung auch der Volkskirche. Der gegenwärtige, vielgestaltige geistliche Aufbruch in allen Kirchen und Erdteilen zeigt, daß Gott selbst im Menschen neu das Verlangen weckt, sich ihm ganz zu schenken, wie Papst Paul VI. in seinem Apostolischen Schreiben »Über die Evangelisierung in der Welt von heute« ausgeführt hat (Art. 44). Bis zur Stunde fehlt jedoch eine für jedermann zugängliche, leicht lesbare, im tiefen Sinne volksnahe geistliche Literatur, in welcher dieser Aufbruch sich artikuliert. Das Buch vermeidet die Verkürzungen, die häufig in einer Literatur dieser Art zu finden ist, die aus dem angelsächsischen Sprachraum kommt: Der Leser erhält nicht den Eindruck, daß Gott völlig unmittelbar in das Leben eingreift, daß er alle Probleme sofort und restlos löst: Das Vertrauen zu Gott ist immer auch ein Hineinsterben in sein immer noch größeres Geheimnis. Gott ist mächtig in meinem Leben, ich kann, darf und soll mich auch in den kleinsten Vorkommnissen des Alltags an ihn wenden, aber er handelt, wann und wie er will.

Auch Anfechtungen sind Umarmungen des barmherzigen und uns entgegenkommenden Gottes!

Mögen viele Menschen sich von dem vorliegenden Buch anleiten lassen, das Wort Gottes zu lesen, in seinem Geist zu beten, nach ihm zu leben und die Botschaft von dem barmherzigen Gott weiterzusagen!

Ostern 1983 Heribert Mühlen

WER IST GOTT?

Die wichtigsten Fragen unseres Lebens

Wir Menschen des 20. Jahrhunderts haben die Maß-Stäbe verloren. Wir kennen keine Bezugspunkte mehr außer uns selbst. Wir lassen die Relationen, die wirklichen Verhältnisse, in unserem Leben außer acht, weil wir uns als den Mittelpunkt der Welt, als den Mittelpunkt der Schöpfung ansehen.

Alles muß sich um uns drehen. Alles in der Welt muß sich nach unseren Vorstellungen ausrichten. Alles messen wir an uns und unseren eigensüchtigen Wünschen.

Dann wundern wir uns, wenn wir zu rotieren anfangen, weil wir uns ständig im Kreis um uns selbst drehen.
Wir haben keinen Punkt mehr im Leben, an dem wir uns festhalten können. Wir kennen kein Ziel mehr, an dem wir uns ausrichten, auf das wir zugehen.

Über die wichtigsten Fragen in unserem Leben denken wir nicht mehr nach. Wir geben uns mit Oberflächlichkeiten zufrieden. Wir meinen, alles selbst zu können. Noch mehr: Wir glauben, schon längst alles besser zu wissen.

Wozu also noch nachdenken?
Nachdenken zum Beispiel über die Fragen meiner Existenz.
Nachdenken zum Beispiel über mich selbst:
Wer bin ich eigentlich?
Wo komme ich her?
Wohin geht meine Reise?
Was ist das Ziel meines Lebens?

Wem verdanke ich letzten Endes meine Existenz?
Meinen Eltern?
Wem verdanken meine Eltern, meine Großeltern ihr Leben?

So führt die Frage immer weiter zurück. Bis dorthin, wo einmal kein Mensch mehr am Anfang war. Wo vor dem ersten Menschen ein anderer war. Ein anderer gewesen sein muß.

Wer aber ist dieser, von dem wir sagen, daß er der Schöpfer ist? Der Schöpfer von uns Menschen. Der Schöpfer unserer Erde. Der Schöpfer des ganzen Universums.

Wo komme ich her?

Ob wir uns nun als »religiöse Menschen« oder als »Freigeister« einordnen wollen: haben wir je einmal *ernsthaft* über die Frage unserer Herkunft nachgedacht?
Wie wenig haben wir uns schon Gedanken über unseren leiblichen Vater und unsere leibliche Mutter gemacht. Noch weniger haben wir über den nachgeforscht, dem wir – und alle unsere Vorfahren – letzten Endes unsere Existenz, unser Leben, unser Hiersein, unser Denken und Wollen, unser Handeln und Fühlen, unser Suchen und Streben verdanken.
Wie aber will ich mit meinem Leben etwas anfangen können – das heißt doch: einen Anfang machen können auf ein Ziel hin, auf einen Sinn hin, – wie will ich meinem Leben eine klare Richtung geben, wenn ich mir nicht bewußt bin, woher ich komme, wo mein Stand-Punkt ist?

Wir »rotieren«. Das ist die normale Reaktion dieses Fehlverhaltens: wir drehen uns im Kreis, weil wir uns nicht bewußt machen, wo der Ausgangspunkt und wo das Ziel unseres Lebens ist.
Wir fühlen uns souverän, so sehr selbst Herr unseres Lebens, daß wir uns um unsere Herkunft keine Gedanken machen.

Wie wenig sind wir aber in Wirklichkeit der Herr – oder die Frau – unseres Lebens?

Zum Beispiel wenn wir erschöpft oder krank sind. Wenn wir uns einsam fühlen. Wenn uns ein wichtiger Freund verlassen hat.

Oder wenn wir gar von einem eigenen Kind oder von dem für uns allerliebsten Menschen Abschied nehmen mußten.

Wer bin ich dann?

Darauf läßt sich nicht schnell und nicht leicht eine Antwort finden. Vor allem werden wir aus uns selbst heraus keinen Frieden finden. Wir müssen nach unserem Ursprung fragen.
Die Frage »Wer bin ich?« läßt sich nur beantworten, wenn ich frage: »Woher komme ich?«

Wer ist mein Schöpfer?
Wer hat mich gezeugt von Anfang an?

Wer ist der, den die Wissenschaftler »ein höheres Wesen« nennen? Von dem sie wissen: es muß eine Macht geben, die über allem Leben steht auf dieser Welt. Von dem sie sagen: es muß ein Leben geben, das *über unserer Natur* steht – von dem letzten Endes einmal alles natürliche und menschliche Leben auf dieser Welt seinen Ausgang nahm.

Ein »höheres Wesen«?

Wer bist du, der Schöpfer allen Lebens?

Wer bist du, der du auch mich geschaffen, der du auch mich gewollt hast?

Wer bist du, Gott?

So lange Menschen denken können, haben sie sich mit der Frage nach Gott beschäftigt, haben sie eine Antwort auf ihre Fragen nach Gott gesucht.
Eines können wir hier schon festhalten: Gott werden wir nie ergründen, nie beschreiben, nie in menschliche Paßformen zwän-

gen können. Ein Gott, der von Menschen erkannt und begriffen werden könnte, wäre nicht mehr Gott.
So können wir uns an Gott nur tastend heranwagen: Wie kleine Kinder, die zum erstenmal ihre Umgebung erkunden und dabei staunend feststellen, daß sie schon wieder Neues entdecken durften.

Herantasten.
Erkunden.
Staunen.
Mit offenem Herzen.
Wie Kinder, die fragen und Neues erfahren wollen.

Nicht wie Erwachsene, die schon alles zu wissen meinen, die gar alles besser wissen wollen.
Denen öffnet sich Gott nicht.

Nicht umsonst hat Jesus gesagt: „Wenn ihr nicht umkehrt und wie die Kinder werdet, könnt ihr nicht in das Himmelreich kommen« (Mt 18,3).

Das heißt doch: Wenn ich auf meine eigene »Klugheit« bauen will, wenn ich beharrlich an meiner persönlichen »Weisheit« festhalte, werde ich das Himmelreich nicht schauen; werde ich Gott nicht schauen; werde ich Gott nicht erkennen, Gott nicht erfahren können.

Gott kann ich nur mit den Augen eines offenen Herzens erfahren.

Mit den Augen des Herzens.
Indem eine Sehnsucht in mir aufsteigt, Gott näher und besser kennen lernen zu wollen.
Indem ich Gott um diese Sehnsucht bitte, ihm immer tiefer begegnen zu dürfen.
Indem ich Gott bitte, daß ich mich ihm nicht verschließe. Daß er sich mir zeigt.

Daß auch ich ihn erfahren darf wie so viele Menschen, die aus der Begegnung mit ihm *Kraft und Hoffnung* schöpfen für ihren Alltag.
Denen aus der Begegnung mit ihm *eine neue Zuversicht* für ihr Leben erwächst.
Die in der Begegnung mit ihm *Ziel und Sinn ihres Lebens* finden.

Ich brauche keinen Gott

»Es gibt keinen Gott« oder »Ich brauche keinen Gott« können nur Menschen sagen, die sich selbst für einen kleinen Herrgott halten. Die in der Zeit, in der es ihnen gut geht, fälschlicherweise meinen, sie allein kämen mit ihrem Leben zurecht. Sie bräuchten niemanden ...
Keinen, der sie beschützt. Keinen, der ihnen hilft. Keinen, der ihnen beisteht.
Die meinen, sie könnten sich allein ihr Leben einrichten; sie könnten selbst ihr Leben führen ...

»Ich brauche keinen Gott« – ist das nicht eine sehr überhebliche Sprache, eine sehr oberflächliche Denkart?

Wie stolz, tüchtig und selbstsicher ist einer meiner Unteroffiziere im letzten Krieg gewesen, bis die schweren Nachtangriffe auf Schweinfurt im Februar 1944 kamen. Da heulte der bisher so starke und immer zu Spott aufgelegte erwachsene Mann uns jungen Luftwaffenhelfern etwas vor, und auf einmal brauchte auch er Gott. Zitternd betete er mit uns im Splittergraben, als die Bomben und Luftminen rings um uns herum einschlugen.

»Ich brauche keinen Gott.«

Wieviele junge Leute himmeln einen Star an, der vor ihnen eine tolle Schau abzieht. Sie ahmen ihn nach, hängen sein Bild über ihr

Bett. Wenn er sie aber enttäuscht, hat ihr Leben keinen Sinn mehr ...

»Ich brauche keinen Gott.«

Wieviele Menschen können ohne Beruhigungsmittel und Aufputschtabletten nicht mehr leben, weil sie keinen Halt mehr finden. Weil sie nicht mehr zur Ruhe kommen und nicht mehr wissen, woher sie die Kraft für ihr Leben holen sollen.

»Ich brauche keinen Gott« – *das ist wohl der schwerste Selbstbetrug, den wir uns antun können. Wer glaubt, sich von Gott, seinem Schöpfer, abwenden zu können, wer glaubt, ohne Gott leben zu können, braucht über kurz oder lang viele Ersatzgötter.*

Wer sein Heil lieber ausschließlich in Menschen oder gar in sich selbst sucht, sollte allein schon über die Gebrechlichkeit und Vergänglichkeit allen Lebens nachdenken. Sonst verhält er sich wie ein Kranker, dem ein Arzt helfen will: »Ich komme schon allein zurecht. Ich brauche keine Hilfe. Ich kann mich selbst heilen ...«

Gott läßt uns allerdings die Freiheit, den Weg unseres Lebens auch ohne ihn zu gehen. Gott zwingt uns nicht, seine Hilfe, seinen Schutz, seine Geborgenheit und seine Liebe anzunehmen.
Natürlich können wir uns statt dessen eher mit Depressionen herumschlagen und in Ängsten leben.
Lieber allein im Nebel herumirren, statt im Strahl eines hellen Lichtes unseren Weg finden ...

Gott zwingt uns nicht, seine Hilfe in Anspruch zu nehmen.
Gott hat uns Menschen eine freie Entscheidung geschenkt, und er respektiert unsere von ihm geschenkte menschliche Freiheit.

Wiederholt habe ich selbst erleben müssen, daß ich immer dann von Ängsten und Unsicherheiten geplagt war, wenn ich glaubte,

meinen Weg allein gehen zu können; wenn ich mein Leben allein nach meinen Wünschen ausrichten wollte. Dann wurde ich nervös, aufgeregt, hilflos ...
Aber immer dann, wenn ich mein Leben unter die Führung Gottes stellte und seinen Willen – und nicht meinen – suchte, dann beschenkte er mich mit Geborgenheit, mit Sicherheit, mit Glück und mit Freude.

»Ich brauche keinen Gott?«

Ich möchte ohne Gott nicht mehr leben.

Wer ist Gott?

Wer aber ist dieser Gott, von dem zahlreiche Männer und Frauen sagen, daß sie ohne ihn nicht mehr leben könnten?
Wer ist dieser Gott, den die einen verlachen, die anderen anbeten?

Den die einen verehren, die anderen verspotten?

Vor dem sich die einen fürchten und den die anderen lieben?

Wer ist dieser Gott?

Hierauf finden wir eine Vielzahl von Antworten:

Gott ist der Schöpfer des Weltalls.
Gott ist der Herr allen Lebens.
Gott ist der Vater aller Menschen.

Gott ist unendlich groß.
Gott ist auch in den kleinsten Dingen spürbar.
Gott ist allmächtig.
Gott ist ohne Anfang und ohne Ende.

Gott ist gut.
Gott ist barmherzig.
Gott ist ein liebender Gott.
Gott ist ein strenger Gott.

Gott ist treu.
Gott ist gerecht.
Gott ist unfehlbar.

Gott ist zuverlässig.
Gott ist der Vollkommene.
Gott ist der Heilige.

Gott ist die Wahrheit.
Gott ist das Licht.
Gott ist die Liebe.

Welche positiven Eigenschaften auch unsere Sprache schildern kann, wir können sie bei näherer Prüfung auf Gott anwenden: Die Unfaßbarkeit Gottes, die Unbegreiflichkeit Gottes ist so groß wie die Spannweite Gottes, nämlich unendlich.

Das heißt: ohne Anfang und ohne Ende.

Wo ich auch hinschaue und forsche und suche: Gott ist schon lange vorher.
Und solange ich auch grüble und nachdenke: Gott wird immer noch sein.

Was Gott nicht ist

Welch ein Gottesbild haben wir Menschen uns im Lauf der Jahrhunderte gemacht! Vor allem das Bild vom lieben, guten alten Mann mit dem schönen weißen Bart.

Der den ganzen Tag »Ihr Kinderlein kommet« singt. Der nichts tut. Nur vor sich hinträumt . . .

Gott, ein träumender Gott?
Ein schlafender Gott?
Ein toter Gott?

Oder:
Gott verehrt man an Weihnachten.
An Ostern.
An den Feiertagen.

Vielleicht auch jeden Sonntag? (Aber dann sind es schon »besonders fromme« Christen!)

Wenn die Kinder zur Erstkommunion oder Konfirmation gehen: Da will man dabei sein!

Aber sonst? Was hat Gott mit meiner Arbeit, mit meinem Privatleben, mit meinem Werktag zu tun?
Gott, ein gütiger, alter Mann?
Gott ein »weit weg seiender« Gott?

Gott ist doch ein Gott der Feiertage und Feste. Und natürlich ein Gott der Beerdigungen und ein Gott der Toten. Denn da brauchen wir ihn auch wieder einmal . . .

Nicht erst Jesus sagt uns, daß das alles gar nicht stimmt: »Gott aber ist ein Gott der Lebenden und nicht der Toten« (Mk 12,27).
Wir brauchen nur mit offenen Augen durch die Welt zu gehen und unser eigenes Leben einmal genauer anzuschauen, dann können wir schon erkennen, daß Gott auch heute am Werk ist.
Daß Gott lebendig ist.
Daß wir seine Liebe spüren dürfen.
Daß er uns begleiten und führen, daß er uns helfen und stärken will.

Oder wie war das damals, als Sie in Not waren? Haben Sie da nicht zu Gott gebetet?
Wie ist das, wenn Sie mit Ihren eigenen Kräften am Ende sind? Wenn Sie nicht mehr weiter wissen? Warten Sie erst bis zum Sonntag oder gar bis zum nächsten Feiertag, wenn Sie sich an Gott um Hilfe wenden wollen?

Wir müssen uns das wieder richtig deutlich machen, daß Gott kein schlafender Gott, kein Sonntagsgott und kein Gott nur für Feiertage und Beerdigungen ist. Auch in guten Christen irren solche falschen Vorstellungen umher: Zu Gott geht man am Sonntag. Am Werktag macht man seine Arbeit.

Wenn wir daran glauben, daß Gott ohne Anfang und ohne Ende ist, dann heißt das:
Gott ist auch heute lebendig.
Gott ist »auch jetzt«, auch in dieser Stunde, da Sie dieses Buch lesen, am Werk.

Gott ist überall am Wirken.
Das heißt: auch bei Ihnen.
Auch in Ihnen.
Sie müssen ihn nur tätig sein lassen.

Gott, der Unendliche

Was heißt das: Gott ist »ohne Anfang« und »ohne Ende«? Gott ist unendlich?
Zunächst heißt das für uns Menschen: das ist uns unbegreiflich. Unverständlich.
Mit dem Verstand können wir nicht erfassen und begreifen, daß es ein Wesen geben soll, das lebt und wirkt, das nie einen Anfang hatte und das ohne jedes Ende immer und ewig sein wird.
In unserer vergänglichen Welt kennen wir lebende Wesen nur so,

daß sie alle einmal durch jemand anderen ins Leben gerufen wurden und daß sie alle einmal – auch die größten Propheten und die gesündesten und stärksten Menschen – wieder Abschied von dieser Welt nehmen mußten; daß sie alle, ohne Ausnahme, starben; also alle auch ein Ende erfuhren.

Für Gott selbst gibt es keinen Anfang?
Gibt es kein Ende?
Wie sollen wir das begreifen können?

Wir können uns nur ganz vorsichtig an dieses Geheimnis Gottes herantasten.

Seit wann lebt der Mensch?

Was wissen wir vom Menschen? Wo kommt er her? Seit wann ist ein Mensch erstmals auf der Welt?
Damit wir die Zahlen der Menschheitsgeschichte ein wenig verstehen können, wollen wir uns zuerst an das erinnern, was wir selbst noch aus der Geschichte wissen.

Erinnern Sie sich noch an den Bericht über den Dreißigjährigen Krieg? Etwa ein Drittel der gesamten Bevölkerung mußte ihr Leben lassen. Es geschah 1618–1648, also vor kaum 350 Jahren.
Sie haben doch sicher schon von der Pest gehört? Wußten Sie, daß 25 Millionen Menschen in wenigen Jahren (1347–52) an dieser verheerenden Seuche sterben mußten? Noch keine 700 Jahre sind seit dieser schrecklichen Zeit vergangen.
Die germanische Völkerwanderung ist Ihnen wohl ein entfernter Begriff. Sie begann vor 1600 Jahren um 375.
Von Jesus Christus wissen wir alle, daß nach seiner Geburt die neue Zeitrechnung begonnen hat, auch wenn sich die Wissenschaftler um circa 6–7 Jahre verrechnet hatten. 2000 Jahre sind seitdem vergangen. Eine lange Zeit . . .

Wir leben seit Jahrtausenden?

Ist das nicht ein geflügeltes Wort: Wir leben seit Jahrtausenden? Wir meinen damit eine endlos lange Zeit. Eine Zeit, die wir kaum überschauen können.
Welche Kulturen und Reiche erlebten in der Vergangenheit ihre Blüte und ihren Untergang: die Zeit der Reformation, die hohe Zeit des Mittelalters, die Zeit der Deutschen Kaiser, die Zeit der Völkerwanderung.
Die Weltreiche der alten Römer, Griechen und Perser ...

Die Zeit von Abraham, Isaak und Jakob um 2000–1400 v. Chr. ...
Die Zeit der ägyptischen Hochkulturen, während der auch Mose (um 2250 v. Chr.) gelebt hatte ...

Von den Sumerern haben wir erste Spuren aus der Mitte des 6. Jahrtausends v. Chr. Um 5000 v. Chr. betreiben sie erstmals Ackerbau mit dem Pflug ...

In der Tat: das ist doch eine riesige Zeitspanne, bei der einem schwindelig werden kann. Tausende von Jahren sind seitdem vergangen ...
Und doch stimmt es nicht, daß wir Menschen »seit Jahrtausenden« leben. Es sind »einige« Jahre mehr. Wieviel schätzen Sie? 30 000, 50 000, 500 000?

Zwei Millionen Jahre

Am Turkana-See im Norden Kenias entdeckte 1975 der Anthropologensohn Richard Leakey einen alten Schädel, dessen Herkunft die Wissenschaftler auf 2 Millionen Jahre schätzen. Der Schädel hat sehr starke menschliche Formen und Platz für ein Gehirn von rund 900 ccm Inhalt. (Der heutige *homo sapiens* hat einen durchschnittlichen Gehirnraum von 1400 ccm.)

Mit diesem aufsehenerregenden Fund wurde das Alter des *homo erectus* (des aufrecht gehenden Menschen) um etwa 500 000 Jahre zurückverlegt. Bisher nahm man an, daß der homo erectus – der Vorgänger des *homo sapiens* (des vernunftbegabten Menschen) – »nur« circa 1–1,5 Millionen Jahre alt sei.

Zwei Millionen Jahre!
Welch eine Zeitspanne! Welch eine Entwicklung!
Was hat der Mensch seitdem erlebt?

Wir können eigentlich nur in großen Zügen zurückschauen:
Auf die Jahre 500 000 – 60 000 v. Chr. legen die Forscher die *Ältere Altsteinzeit* fest, in der der *Faustkeil* das typische Gerät der Menschen war und in der der Gebrauch *des Feuers* entdeckt wurde.
Von 60 000 – 35 000 v. Chr. rechnen die Wissenschaftler mit der *Mittleren Altsteinzeit*, in der die Steingeräte vervollkommnet wurden. In der *Jüngeren Altsteinzeit* um 35 000 – 8 000 v. Chr. entstand die sogenannte *Schmalklingentechnik*, mit der die ersten Schneidegeräte entwickelt wurden.
Während der *Eiszeit* vor vermutlich 25 000 Jahren wanderten die Vorfahren der Indianer aus Sibirien nach Amerika ein. Während man heute zu wissen glaubt, daß diese Erstbesiedlung Amerikas durch den homo sapiens über Ostsibirien und die damals trockengelegte Behringstraße erfolgte – in der Eiszeit war der Meeresspiegel abgefallen – , hat man bis zum heutigen Tag dagegen noch keine Erklärung dafür, wie die ersten Menschen um etwa 20 000 v. Chr. nach Australien gekommen sind. Australien war immer eine Insel und immer mindestens 100 km weit von Wasser umgeben.

Die Geschichte der Erde

Wenn wir nur die letzten 50 000 Jahre, die Lebenszeit des homo sapiens, des heutigen vernunftbegabten Menschen, nehmen: Wie

hat sich der Mensch in diesen Jahrtausenden geplagt und gemüht. Wie hat er gerungen und gelitten, gesucht und gefunden.
Wie oft war er enttäuscht und niedergeschlagen. Wie oft voller Freude und Stolz, wenn er wieder eine neue Entdeckung gemacht hatte. Wenn er wieder ein neues Hilfsmittel entwickeln, wenn er wieder sein Leben ein wenig mehr erleichtern konnte.
Und doch sind auch diese langen, kaum mehr vorstellbaren 50 000 Jahre (fast 2 000 Generationen!), *nur ein winziger Bruchteil* der Zeit, die wir bis heute seit der Entstehung der Erde und seit der Erschaffung des Weltalls kennen.

Noch im Jahre 1650 »errechnete« der irische Bischof James Ussher, daß die Erde im Jahre 4004 v. Chr. von Gott erschaffen worden sei. Ein Zeitgenosse von ihm, John Lightfoot aus Cambridge, wußte es noch genauer: am 23. Oktober 4004 v. Chr. früh um neun Uhr!

Heute können sich die Wissenschaftler nicht mehr »so genau« auf die Entwicklungsgeschichte der Erde festlegen. Aus den Kenntnissen der modernen Naturwissenschaft läßt sich ablesen, daß unsere Erde wie auch die Sonne sich *vor ungefähr fünf Milliarden Jahren* gebildet haben. Um diese Zeit begann die Erstarrung der Erdkruste.

Aber *erst vier Milliarden Jahre später* ist die Erdoberfläche so erkaltet, daß wir zum erstenmal Relikte noch nicht zu definierender Lebewesen finden. Während des Archaikums (oder auch Präkambriums), *der Urzeit der Erde* (1 000 Millionen – 500 Millionen Jahre), gibt es die ersten vielzelligen Tiere. Es herrschen plutonische und vulkanische Gesteinsmassen vor, die teilweise sehr reich an Eisen, Kupfer und an anderen Edelmetallen, ja auch reich an Gold sind.

Die ersten Wirbeltiere sind der *Frühzeit der Erde* (500 Millionen – 340 Millionen) zuzuordnen. Aus dem *Erd-Altertum* (340–140 Millionen) kennen wir die plötzlich »sehr rasche« Entfaltung der

Pflanzenwelt. Die ersten Samenpflanzen tauchen auf. Zum erstenmal wechseln die bisher nur im Wasser lebenden Wirbeltiere auf das Land über. Insekten bilden sich in der Luft.

Die letzten Ausläufer des Erd-Altertums sind *Trias* (230–180 Millionen) – die Dinosaurier treten auf – und *Jura* (180–140 Millionen), aus dessen Zeit wir die vielgestaltigen Ammoniten, eine Vielzahl von Muscheln und Schnecken, sowie den ersten Vogel (Archaeopteryx lithographiea) kennen.

Das *Erd-Mittelalter* beginnt vor 140 Millionen Jahren mit der *Kreide*-Zeit. Es entwickeln sich die größten Tiere aller Zeiten. Ein Flugtier, der Quetzalcoatlus, hat eine Flügelspannweite von 12 m! In groben Zügen entsteht das Bild der Erde, ihre heutige Aufteilung in Meere und Kontinente.

Vor 70 Millionen Jahren beginnt das *Tertiär* (oder die *Erd-Neuzeit*). Es bilden sich Gebirge. In Europa entstehen die Alpen, der Apennin, die Karpaten und die Pyrenäen. Zum Ende des Tertiär, vor 2 Millionen Jahren, betritt der *homo erectus* die Erde.

Das Weltall rast davon

Während die Geschichte der Erde noch »überschaubar« gegliedert werden kann – wer kann allerdings in Wirklichkeit 5 000 Millionen Jahre überschauen? – mußten wir unsere Kenntnisse von der Entstehung des Weltalls allein in den letzten 25 Jahren um mehr als 10 Milliarden Jahre korrigieren!
Noch in den 50er Jahren unseres Jahrhunderts galt es als eine Sensation, als die Astronomen vom Mount Palomar in Kalifornien Signale von Sternenwelten (Galaxien) einfingen, deren Lichtaussendungen *mehrere Milliarden Jahre unterwegs waren*, bis sie auf der Erde ankamen.

Schon 1929 hatte der Amerikaner Edwin Hubble entdeckt, daß

sich alle Galaxien im Weltraum voneinander entfernen. 1963 wurden mit Radio-Teleskopen Signale von kosmischen Objekten empfangen, die mit einer nie für möglich gehaltenen Geschwindigkeit von *270 000 km in der Sekunde* hinaus ins All rasten. Mindestens ein Dutzend dieser rund 650 bis heute bekannten »Quasare« (quasistellare Objekte) sind bereits mehr als 10 Milliarden Lichtjahre von der Erde entfernt; die weitesten Messungen betrugen 15 Milliarden Lichtjahre.

Da das Licht dieser entferntesten Quasare *15 Milliarden Jahre* benötigt hat, bis es auf der Erde ankam und hier gemessen werden konnte, müssen diese Quasare schon vor 15 Milliarden Jahren existiert haben. Das heißt, unser Weltall ist *nach den derzeitigen* Erkenntnissen *mindestens* 15 Milliarden Jahre alt, vermutlich aber noch älter.

Bei der nicht mehr vorstellbaren Geschwindigkeit von *270 000 km in der Sekunde* – das sind rund *sieben Erdumrundungen in einer Sekunde*! *– ist ein räumliches wie ein zeitliches Ende nicht mehr zu sehen.*

So wie ein Ende nicht zu erkennen ist, läßt sich auch ein Anfang nicht endgültig festlegen: Die eben noch als »sicher« geltenden 15 Milliarden Jahre Entwicklungsgeschichte unseres Weltalls (1958 rechnete man noch mit 5 Milliarden) sind bereits wieder ins Wanken geraten; neueste Forschungen sprechen bereits von 20–22 Milliarden Jahren!

Wir Menschen können beim Weltall keinen Anfang und kein Ende erkennen!
Wie sehr muß erst der, welcher dieses All geschaffen hat, ohne Anfang und ohne Ende sein!
Selbst wenn wir irgendwann einmal genau den Zeitpunkt des Weltalls bestimmen könnten:
Gott war auch zu diesem Zeitpunkt schon da!
Gott ist ohne jeden Anfang. Gott ist ohne jedes Ende . . .

Was ist das für ein Gott?

Selbst wenn Gott nur so lange existieren würde wie das Weltall, von dem wir heute annehmen, daß es 15–22 Milliarden Jahre alt ist: Welch eine Zeit!

Damit wir eine so unvorstellbare Zahl ein wenig besser begreifen können, wollen wir uns die »gesicherten« 15 Milliarden Jahre in einem Vergleich bewußt machen:
Stellen Sie sich vor, wir wollten ein Schaubild für dieses Buch erstellen und wir würden für unsere eigene Lebenszeit als kleinstmögliche Einheit einen einzigen Millimeter wählen. Aus Gründen der leichteren Darstellung runden wir unsere Lebenszeit auf 100 Jahre auf.
Ein einziger Millimeter für 100 Jahre: Wir müßten eine *150 Kilometer lange* Papierrolle anfertigen lassen, um darauf die Zeit der 15 Milliarden Jahre darstellen zu können!

Am Beginn der 150 km würde die Erschaffung des Weltalls stehen. Erst nach 100 km könnten wir die Entstehung der Erde markieren! Nach 140 km würde die Urzeit der Erde (1 000 Millionen – 500 Millionen) beginnen und erst nach 149,98 km – also auf den letzten 20 Metern – könnten wir den homo erectus einzeichnen!
Der *homo sapiens* – der heutige vernunftbegabte Mensch – würde *erst auf den letzten 50 Zentimetern* erscheinen und *wir selbst* also *beim letzten Millimeter!*

Bei einer 150 km langen Strecke erscheint der vernunftbegabte Mensch auf den letzten 50 Zentimetern!

Der vernunftbegabte Mensch, der oft so viel tüchtiger als Gott sein will.
Der oft alles so viel besser wissen will.

15 Milliarden Jahre!

Dabei ist das immer noch »menschlich« gedacht! Denn in Wahrheit gibt es Gott noch viel, viel länger.

Gott *gibt* es einfach.
Gott ist ohne jeden Anfang.

Für uns Menschen nicht vorstellbar.

Ebensowenig können wir uns erklären:
Gott ist ohne Ende.
Er wird *immer* sein.

Für Gott gibt es keine Grenzen.
Für Gott gibt es *keine räumlichen Schranken* und *keine zeitlichen Begrenzungen.*

Das heißt aber auch: Gott ist »überall«.
Er ist *»Der immer Seiende«.*
Er ist *»Der überall Seiende«.*

Gott ist »Der immer Seiende«.
Der vor 15 Milliarden Jahren schon war und nach 15 Milliarden Jahren noch immer sein wird . . .

Also auch, der gestern war.
Der heute ist.

Der auch morgen sein wird.

Gott ist »Der überall Seiende«.
Es gibt für ihn keinen Raum, in dem er nicht wäre!

Er ist also auch bei mir?
Auch hier, in meinem Zimmer?
Auch draußen auf der Straße?
Auch drüben am Arbeitsplatz?

Überall! Gott ist überall. Gott gibt es immer. Zu jeder Zeit. Zu jeder Stunde.

Gestern,
heute
und morgen
umgibt uns Gott. Ist Gott bei uns.
Immer bei uns.

Es gibt keine Stunde, in der er nicht ist.
Keinen Raum, in dem er mich nicht umgeben würde:

»Ich sitze oder stehe, ich liege oder gehe,
du hältst stets deine Hand über mir.
Du siehst all meine Wege, du kennst all meine Rede,
denn ich kann nichts verbergen vor dir.
Von allen Seiten umgibst du mich, o Herr.
Du bist nicht zu begreifen,
dir sei Lob, Preis und Ehr.« (Lied nach dem Psalm 139)

Die erste Hundertstel Sekunde

Während die Naturwissenschaftler das Alter des Weltalls noch nicht endgültig festlegen können, glauben sie, den Weg der Entstehung des Weltalls auf Grund der existierenden Naturgesetze heute schon beschreiben zu können.

»Die ersten drei Minuten« nennt der amerikanische Harvard-Professor Steven Weinberg sein Buch, in dem er als Naturwissenschaftler – aufbauend auf der Urknall-Theorie – sehr genau die allerersten Ereignisse bei Eintritt der Schöpfung beschreibt.
(Bei der sich immer mehr durchsetzenden *Urknall-Theorie* des russisch-amerikanischen Astrophysikers George Gamow bauen die Wissenschaftler auf der Entdeckung von Hubble auf, daß das Weltall sich ausdehnt. Der Belgier George Lemaitre verfolgte

diese Idee weiter und schloß daraus: Wenn es eine *Ausdehnung im Weltall* seit vielen Milliarden Jahren in dieser nicht vorstellbaren Geschwindigkeit gibt, dann muß alles irgendwann einmal einen Anfang von einem extrem dichten Stadium aus genommen haben. George Gamow sagt: Dann muß es eine Ur-Explosion, einen Ur-Knall (big bang) gegeben haben, bei dem die ersten chemischen Elemente entstanden sind.)

Steven Weinbergs Buch »Die ersten drei Minuten« baut nun darauf auf unter Berücksichtigung der wissenschaftlichen Erkenntnis, daß, *so weit Forscher zurückschauen können, die naturwissenschaftlichen Gesetze sich bis heute nicht ein einziges Mal geändert haben.*

In einer geradezu sensationellen Beweisführung verfolgt Weinberg die Entwicklung unseres Weltalls:

Etwa eine hundertstel Sekunde nach dem Schöpfungsbeginn des Weltalls, so Weinberg, herrschte im Universum eine Hitze von *100 Milliarden Grad!*

Der Urzustand erscheint ihm fast *vier Milliarden mal* so dicht wie Wasser, bestehend aus einer nicht näher feststellbaren Mischung von Strahlen und Materie, die sich mit einer nicht vorstellbaren Geschwindigkeit ausdehnen.

Eine zehntel Sekunde später – Weinberg meint exakt 0,11 Sekunden – sei das All schon »um 70 Milliarden Grad kühler« geworden, »aber erst 1,09 Sekunden später« könnten sich flüchtige Teilchen, die sogenannten Neutrinos, selbständig gemacht haben.

Nach weiteren 12,73 Sekunden sei das Weltall bereits »auf drei Milliarden Grad abgekühlt« gewesen. Knapp 35 Minuten später hatte die Temperatur sich auf 300 Millionen Grad ermäßigt ...

Aber *erst nach 700 000 Jahren* sei die Temperatur so weit gesunken, daß stabile Atome hätten entstehen können.

In den nächsten Milliarden Jahren entwickelten sich Galaxien und Sterne. Doch frühestens nach zehn Milliarden Jahren gab es die ersten Lebewesen.

Das alles glaubt man heute sehr exakt zu wissen. »12,73 Sekunden später ...«
Aber die erste Hundertstel Sekunde? Und die Hundertstel Sekunde *vor* der »ersten Hundertstel Sekunde«?

»Es muß ein höheres Wesen geben«, sagen die Naturwissenschaftler heute, die es noch nicht wagen, den Namen Gottes dafür in den Mund zu nehmen.

Es muß ein höheres Wesen geben ...

Nun, dieses Buch wendet sich nicht an Leser, die gar nicht an Gott glauben wollen. Es will von Gott sprechen zu Menschen, die unterwegs zu ihm sind. Ganz gleich, wo und an welcher Stelle sie in ihrem Leben auf diesem Weg stehen.

Um was es bei diesem Kapitel geht: Alle Wissenschaftler sind heute überzeugt – sie haben dazu keine anderen Erkenntnisse –, daß *die naturwissenschaftlichen Gesetze in 15 Milliarden Jahren sich nie geändert haben.*

Wenn wir dagegen großartige menschliche Leistungen vergleichen: Wie schnell sind unsere technischen wie auch künstlerischen Schöpfungen überholt! Ein Auto wird alle drei bis sechs Jahre neu entwickelt, elektronische Geräte noch schneller. Denken Sie nur an die Entwicklung auf dem Markt der Taschenrechner und Computer!

Weil wir endliche Menschen sind, sind wir fehlerhaft, stehen wir in einer Entwicklung, befinden wir uns auf einem Weg.

Da aber Gott ohne Anfang und ohne Ende ist, kennt er auch keine Entwicklung, keine Reifezeit, wie wir zum Beispiel von der Geburt bis zum Tod.
Gott kann sich gar nicht wie wir Menschen »auf einem Weg«, »in einer Entwicklung« befinden.

Das aber heißt – und die exakte Theorie vom Urknall beweist dies auch:
Gott macht keine Fehler.
Gott kann gar keine Fehler machen.

Gott mußte sich in 15 Milliarden Jahren nicht einmal korrigieren, *nicht ein einziges Mal seine Gesetze ändern*, die er unserem Weltall vor 15 Milliarden Jahren mitgegeben hat.

Gott kann keine Fehler machen, bedeutet aber: *Gott ist vollkommen.*
Vollkommen aus sich heraus.
Vollkommen *in sich.*
Gott ist ohne Fehler.
Gott ist der Unfehlbare.

»Gott ist der in sich Vollkommene« (1 Tim 6,15).

Die Wissenschaft beweist es

Noch ein anderes beweisen die wissenschaftlichen Gesetze dieser 15 Milliarden Weltall-Jahre: Gott, der dieses Weltall geschaffen hat, Gott, der über dieses Weltall seit 15 Milliarden von Jahren herrscht, dieser Gott ist *kein launischer Gott.*
Dieser Gott wechselt nicht seine Meinung wie wir unsere Hemden.
Er hat nicht nach fünf Milliarden Jahren gesagt »Das geht mir zu langsam«; nicht nach sieben Milliarden Jahren »Das möchte ich anders haben«; nicht nach zehn Milliarden Jahren »Ich will mehr Wasser« oder nach 15 Milliarden Jahren »Ich will meine Ruhe von den Menschen haben«.

Dieser unser Gott ist kein launischer Gott.
Kein wetterwendischer Gott.
Dieser Gott ist *ein treuer Gott.*

Ein Gott, der *unerschütterlich* zu seinen einmal gefaßten Plänen und Entschlüssen steht! Unerschütterlich, 15 Milliarden Jahre lang bereits! (Wie lange halten dagegen Sie jeweils an Ihren Plänen und Vorsätzen fest?)

Ein Gott, der seine Pläne nie ändert. Seine Taten nie rückgängig macht.

Das aber heißt für uns – und darauf können und dürfen wir bauen: Dieser Gott, der seine Pläne nie ändert, der unerschütterlich zu seinen Taten steht, der unabänderlich an den von ihm einmal erlassenen Natur-Gesetzen festhält, *dieser Gott ist ein zuverlässiger Gott.*

Zuverlässig aber heißt nicht nur, Gott hält an seinen Taten und Plänen fest. Zuverlässig heißt vor allem: Auf sein Wort ist Verlaß. *Was Gott einmal gesagt hat, darauf kann ich mich immer verlassen.*
Paulus bestätigt dies im Brief an die Römer: »Gott steht zu seinen Zusagen, auch wenn kein Mensch ihm treu bleibt« (Röm 3,4).

Dies ist eine der wichtigsten Erkenntnisse für unser ganzes Leben:
Auf die Worte Gottes kann ich mich verlassen.
Gott hält treu an seinen Verheißungen fest, die er uns einmal gegeben hat, auch wenn wir Menschen ihm immer wieder untreu werden.

Gott ändert sich nie.

Darauf dürfen wir bauen wie Steven Weinberg und die vielen Naturwissenschaftler, die alle von der Unverrückbarkeit unserer Natur-Gesetze überzeugt sind! Gott verändert sich nicht.

Gott steht für immer zu den einmal von ihm gegebenen Verheißungen.

Wenn wir uns das einmal deutlich bewußt machen und in unser Leben umsetzen, das heißt, wenn wir anfangen zu lernen, *unser Leben auf Gottes Verheißungen zu bauen*, dann wird eine Entwicklung in uns beginnen, die ungeahnte Kräfte in uns freisetzt.

Gott, der All-Mächtige

Ebenso wie Gott »Der Un-endliche«, ist Gott auch als »Der All-Mächtige« für uns Menschen mit dem Verstand nicht zu begreifen. Wir können uns auch hier nur wieder mit menschlichen Vergleichen an die Allgewalt Gottes herantasten.

Gehen wir noch einmal zum Schöpfungs-All zurück. Was bereits eine hundertstel Sekunde *nach* der Schöpfung, nach der Erschaffung des Weltalls vor sich ging, das glauben die Wissenschaftler heute exakt sagen zu können.

Was aber geschah in der Sekunde Null?

Welche Ausgangsstoffe waren vorhanden?
Wenn es aber »Ausgangsstoffe« gewesen wären, dann hätten auch diese Stoffe wieder irgendwoher kommen müssen!
Also war doch einmal – und eben bei der Sekunde Null – der Zeitpunkt, da es keine Materie gab!

Aus diesem Nichts hat Gott das Weltall, die Erde und den Menschen erschaffen!

Er hatte keine Pläne vorgefunden.
Er hatte keine Ausgangsstoffe.
Er hatte keine Helfer.

Außer ihm gab es nichts.
Allein aus sich heraus hat Gott alles geschaffen!
Das ganze Universum. Unsere Erde. Uns Menschen.

Was muß das für ein Gott sein, der allein aus sich dieses große Weltall geplant und ins Leben gerufen hat. Ein Weltall, das für uns Menschen in seiner Größe unvorstellbar ist.

Auf Entdeckungsfahrt im Weltall

Wenn wir uns im Universum näher umschauen, kommen wir zu schwindelerregenden, nicht mehr vorstellbaren Zahlen und Grössen. Lassen Sie uns deswegen »im kleinen« anfangen:
Unsere »große« Erde ist in Weltallverhältnissen gesehen sehr klein. Wollte man zum Beispiel unsere Sonne mit Erdkugeln ausfüllen, so bräuchte man eine Million Erdkugeln! So groß ist unsere Sonne und so »klein« unsere Erde!
(Pro Sekunde verbraucht unsere Sonne vier Millionen Tonnen Wasserstoff, um die für die Erde notwendige Wärme und Helligkeit herstellen zu können. Trotz dieses unvorstellbaren Energie-Verbrauchs wird die Sonne aber noch weitere vier Milliarden Jahre existieren können, nachdem sie bereits vor fünf Milliarden Jahren entstanden war.)

Nun kommt eine nicht mehr vorstellbare Größe: Wieviele solcher Riesen-Sonnen gibt es wohl allein in unserer Milchstraße? (Ich sage »unserer« Milchstraße, weil es »noch einige Milchstraßen« mehr gibt!)

100 Sonnen?
1 000?
10 000?
100 000?

Sie meinen, das gibt es nicht? Das sind phantastische, aber irreale Überlegungen?

In der Wirklichkeit ist das tatsächlich eine völlig falsche Zahl. Aber genau im umgekehrten Sinn: 100 000 Sonnen sind keine

Größe für unser Weltall, keine Zahl für unsere Milchstraße, die uns »am nächsten« liegende Sternenwelt:
Allein unsere Milchstraße besteht aus über *100 Milliarden Sternen*, deren Größenordnung im Durchschnitt bei der unserer Sonne liegt!

100 Milliarden Sonnen.

Was heißt das im Verhältnis zu uns Erdenkindern?

Eine einzige Sonne ist rund eine Million mal größer als unsere Erde.

100 Milliarden Sonnen, von denen jede einzelne eine Million mal größer als unsere Erde ist, ergeben eine Zahl die lautet: *100 Billiarden mal größer als die Erde ...*

100 000 000 000 000 000 mal größer als unsere Erde.

Begreifen wir jetzt ein wenig von unserer menschlichen Armseligkeit?
Von unserem Unvermögen?
Von unserer Winzigkeit?

Können wir uns jetzt ein klein wenig besser vorstellen, ein klein wenig mehr erahnen, was es heißt, *Gott ist unendlich groß?*

Wir armen Menschenkinder aber wollen so oft manches besser wissen und manches besser können als Gott.

Wir wollen Gott Vorschriften machen, wie er sich zu verhalten hat.
Wir machen Gott Vorwürfe, weil er doch manches besser anders tun solle.

Welch eine Vermessenheit.

Eine von 100 Milliarden

Die immense Größe des Universums liegt jenseits allen Begriffs-Vermögens. Ist schon unsere Milchstraße, die unserem Sonnensystem am nächsten gelegene Sternenwelt, unvorstellbar groß mit ihren 100 Milliarden Sonnen, so stockt uns der Atem, wenn wir uns weiter in den Weltraum hinauswagen:

Von der Größe unserer Milchstraße, die mit ihren 100 Milliarden Sonnen nur eine einzige Sternenwelt (Galaxie) im Weltall darstellt, gibt es insgesamt rund *100 Milliarden Sternenwelten*!

Das heißt, wir kennen im Weltall über 100 Milliarden Sternenwelten, *von denen jede einzelne rund 100 Milliarden Sterne* von der Größe unserer Sonne hat!

Diese beiden Zahlen müssen wir miteinander multiplizieren, wenn wir die Zahl der im Universum vorhandenen Sonnen wissen wollen: 10 000 000 000 000 000 000 000 Sonnen!

In Worten: 10 Trilliarden Sonnen.

Unfaßbar – unbegreifbar

Vielleicht ahnen wir jetzt etwas von der *unendlichen Größe Gottes,* von dieser wirklichen *All-Macht Gottes,* die für uns unfaßbar und unbegreifbar, aber existente Wirklichkeit ist:

Dieses in seinen Größen nicht mehr vorstellbare und in seinen Enden nicht erfaßbare Weltall *wird seit seiner Entstehung* nach *nie mehr geänderten* Naturgesetzen von Gott, dem Schöpfer dieser Welten, in seinen Bahnen gehalten und getragen.

Unbegreifbar, unfaßbar, aber doch *überall spürbar und erkennbar.*

Gott trägt auch uns

Dieser große, un-endliche Gott, der 10 Trilliarden Sonnen in ihren Bahnen hält, dieser große Gott *trägt auch uns*, trägt jeden einzelnen Menschen!

Jetzt können wir eine Antwort auf die Frage finden, ob Gott sich auch um uns kümmern würde. Ob wir zu Gott wirklich mit allen unseren Sorgen und Problemen gehen dürfen. »Gott hat doch etwas anderes zu tun ...«

Gott, der die Gezeiten der Meere, den Wechsel von Tag und Nacht auf unserer Erde ebenso wie die Milliarden von Galaxien und Abermilliarden von Sonnen *seit Milliarden von Jahren* lenkt und führt, für diesen unendlich mächtigen, unendlich großen und überall seienden Gott bedeutet es nicht die geringste Schwierigkeit, auch *für jeden einzelnen Menschen* auf unserer Erde anwesend zu sein.

Wie oft haben wir in unserem Leben schon ein Eingreifen Gottes, ein Walten Gottes spüren und erfahren dürfen. Jetzt wird es uns »verständlicher«, daß Gott *wirklich die Macht hat, sich um jeden einzelnen Menschen zu kümmern, für jeden einzelnen Menschen da zu sein.*

Wir brauchen nur die Zahl aller Menschen auf der Erde (zur Zeit 4,7 Milliarden, im nächsten Jahrhundert voraussichtlich 10 Milliarden) mit der Zahl aller Sonnen in Verbindung zu setzen, die von Gott in ihren Bahnen gelenkt und geleitet werden:

10 000 000 000 000 000 000 000 Sonnen im Weltall
4 700 000 000 Menschen auf der Erde

Wenn wir diese beiden Zahlen miteinander vergleichen, wird uns die All-Macht Gottes – und die Ohn-Macht des Menschen – sehr deutlich bewußt:

Wie winzig ist der einzelne Mensch, wie klein an Zahl ist die ganze Menschheit mit ihren 4,7 Milliarden Männern und Frauen gegenüber der Schöpfung Gottes, die eine unvorstellbare Zahl von 10 Trilliarden Sonnen umfaßt!
Daraus aber dürfen wir auch Trost und Freude, Hoffnung und Vertrauen gewinnen:
Für Gott, der Milliarden von unvorstellbar großen Sternenwelten mit Abermilliarden von Sonnen *seit Milliarden von Jahren in ihren Bahnen hält und lenkt und leitet*, für diesen großen, allmächtigen Gott ist es kein Problem, auch die »wenigen« 5–10 Milliarden Menschen zu tragen und zu führen.

Dieser große, allmächtige Gott kann auch mein Leben mit seiner Hilfe begleiten und schützen.

Kein Ende zu erkennen

Über die Größe des Weltalls erleben wir immer wieder neue Überraschungen. Seit dem Sommer 1977 empfängt das amerikanische Hochenergieastronomie-Observatorium HEAO-1 Signale aus dem All. Es ist im größten unbemannten Satelliten untergebracht, den die NASA bis heute gestartet hat. Schon wenige Monate nach seinem Start gab es einen Schock unter den nüchternen Astronomen und Physikern, die die ersten Ergebnisse auswerteten:
Man entdeckte neue Röntgenstrahlen *von unbekannt großer Energie*, die nur den Schluß zuließen, daß sie aus Gaswolken *bisher nie gekannter und völlig unvorstellbarer Größen* stammen.

Wenn sich die ersten Forschungsberichte als echt herausstellen – und es gibt im Moment keine Grundlagen für gegensätzliche Annahmen – , dann stammen diese super-energetischen Röntgenstrahlen aus noch völlig unbekannten Gas-Welten, *die mehr Materie enthalten, als alle uns heute bekannten 100 Milliarden Galaxien zusammen aufbringen!*

Erst am Anfang

Wenn diese Ergebnisse von HEAO-1 eines Tages als richtig bestätigt und anerkannt sind, dann wissen wir, daß wir *erst am Anfang* mit unseren Forschungen und Erkenntnissen über die Größe des Weltalls sind!

Wenn das alles – 20 Milliarden Jahre, 100 Trilliarden Sonnen – aber erst der Anfang ist, dann erahnen wir jetzt eher, was es heißt:

Gott ist ohne Anfang.
Gott ist ohne Ende.
Gott ist un-endlich.

Die Aussage der Un-endlichkeit aber gilt ausschließlich und allein für Gott. Es gibt kein unendliches Lebewesen und keine unendliche Materie. *Allein Gott ist un-endlich.*

Diese Eigenschaft der Un-endlichkeit können wir *bei allen Eigenschaften* Gottes finden:

Gott ist ohne Ende in seiner Liebe.
Gott ist ohne Ende in seiner Güte.
Gott ist ohne Begrenzung in seiner Macht.

Er herrscht über das ganze All.
Er ist der All-Mächtige.
Er ist der Schöpfer jeglichen Lebens.

Er, der der Schöpfer und Erhalter des Weltalls ist, er ist auch der Schöpfer und Erhalter unserer Erde und der Schöpfer und Erhalter unseres eigenen Lebens.
Er, der das ganze Universum in seinen Händen trägt, er trägt auch unsere Erde.

Er trägt auch Sie und mich.

Ich habe euch getragen von Urzeiten an, und ich will euch auch künftig tragen, von der Geburt bis ins hohe Alter. Ich bleibe derselbe. Ich habe es bisher getan, und ich werde es weiterhin tun. (Jes 46,3f).

Ich bin der Herr, der alles bewirkt, der ganz allein den Himmel ausgespannt hat, der die Erde gegründet hat aus eigener Kraft (Jes 44,24).

Ich will den Namen des Herrn verkünden. Preist die Größe unseres Gottes (Dtn 32,3)!

Er heißt: Der Fels. Vollkommen ist, was er tut; denn alle seine Wege sind recht. Er ist ein unbeirrbar treuer Gott, er ist gerecht und gerade (Dtn 32,4).

Herr, dein Wort bleibt auf ewig, es steht fest wie der Himmel. Deine Treue währt von Geschlecht zu Geschlecht (Ps 119,89).

Wir können ihn nur loben, aber nie erfassen, ist er doch größer als alle seine Werke. Überaus ehrfurchtgebietend ist der Herr, unbegreiflich ist seine Stärke (Sir 43,28f.).

WIE HANDELT GOTT?

Wie erkenne ich Gottes Wirken?

Im letzten Hauptabschnitt haben wir gesehen, daß Gott »Der überall Seiende«, »Der immer Seiende«, also auch der heute Wirkende ist.
Gott ist auch heute am Werk.
Wie aber erkenne ich sein Wirken?

Sicher nicht durch Mikroskope und Ferngläser, auch wenn wir die Spuren Gottes in der Welt des Mikrokosmos wie des Weltalls entdecken können.
Wenn wir Gott finden wollen, müssen wir uns frei machen von allem Ballast menschlicher Wichtigtuerei. Nur wenn wir mit einem *suchenden Herzen* uns Gott nähern, werden wir Gott in unserem Leben erfahren.

Gottes Handeln erkennen wir, neben seinem unaufhörlichen Wirken in der Natur und in unserem Leben, besonders in der Bibel, in den Schriften des Alten und des Neuen Testaments. Dort können wir nachlesen, wie sich Gott den Menschen immer wieder neu gezeigt und immer wieder neu verständlich gemacht hat.

Der Apostel Paulus schreibt im Brief an die Römer: »Was Menschen über Gott wissen können, ist ihnen bekannt. Gott selbst hat es ihnen bekanntgemacht. Zwar kann niemand Gott sehen; aber er zeigt sich den Menschen in seinen Werken. Weil er die Welt geschaffen hat, können sie seine ewige Macht und sein göttliches Wesen mit ihrem Verstand erkennen. *Sie haben also keine Entschuldigung*« (Röm 1,19f).

Abbild Gottes

Wenn wir in der Bibel vom Handeln Gottes bei der Erschaffung des Menschen lesen, so erleben wir gleich zu Beginn eine überraschende Aussage:

»Dann sprach Gott: Laßt uns Menschen machen *als unser Abbild, uns ähnlich* ... Gott schuf also den Menschen *als sein Abbild; als Abbild Gottes schuf er ihn*« (Gen 1,26f).

Wir müssen das in aller Ruhe und Ernsthaftigkeit bedenken: Gott hat den Menschen »Gott ähnlich« geschaffen. Das heißt: Wenn wir unsere menschlichen Schwächen ablegen, wenn wir unsere Fehler und Sünden abstreifen könnten, wenn wir unser Handeln nur aus der Kraft der göttlichen Liebe vollziehen würden, könnten wir »Gott ähnlich« handeln! (Bei manchen Menschen können wir ja auch erfahren, wie sie spürbar und sichtbar Gottes Liebe durch ihr Leben ausstrahlen!).

Natürlich heißt »Gott ähnlich handeln« noch lange nicht »wie Gott sein«. Aber dieser Bericht aus der Bibel ist ein Beispiel für uns, wie wir uns an das Handeln Gottes herantasten können:
So, wie wir in unseren allerschönsten Vorstellungen, gereinigt von Sünde und makellos von Fehlern, handeln wollten, so handelt Gott!
So, wie Sie Ihren Kindern gegenüber sein möchten, so, wie zärtlich sich liebende Menschen füreinander da sein wollen, so handelt Gott!

Nur noch viel, viel schöner; noch viel, viel zuverlässiger; ganz und gar erfüllt von Liebe und von Vollkommenheit.

Gott segnet

Ein weiteres wunderbares Bild von Gott zeigt dieser erste Schöpfungsbericht. Gleich nach Vers 27 »als Abbild Gottes schuf er ihn. Als Mann und Frau schuf er sie« fährt die Genesis fort:
»Gott segnete sie, und Gott sprach zu ihnen ...« (Gen 1,28).

Das war das *erste* Handeln Gottes nach der Erschaffung des Menschen: »Gott segnete sie.«

Wann sind wir uns dessen schon einmal bewußt geworden?
Gott will die Menschen segnen!
Sein *erstes* Handeln: Gott gibt den Menschen seinen Segen.
Das aber heißt doch: Gott will uns seine Hilfe und seinen Beistand zukommen lassen. Gott will uns stärken. Gott will uns beschützen.

Aus diesem Beispiel wird deutlich, wie wichtig für uns eine gute Kenntnis der Bibel ist! Wir suchen Antwort auf viele Fragen; wir wissen nicht, wie wir uns verhalten sollen; wir haben so viele Ängste und Zweifel im Leben, weil wir an einen tätigen, wirkenden, auch in unserem Leben wirkenden Gott nicht glauben wollen oder nicht glauben können.
Wir brauchen nur das allererste Kapitel der Bibel aufzuschlagen und finden eine klare Antwort auf die Frage der Beziehung Gottes zu uns Menschen: »Gott segnete sie.«

Dieses segnende Handeln Gottes können wir immer wieder in der Heiligen Schrift finden. Gott hat nicht nur die ersten Menschen gesegnet, obwohl sicher dieser erste Segen symbolhaft der ganzen Menschheit gegolten hat. *Gott hat immer wieder seinen Segen verheißen und seinen Segen gesandt.* (Siehe zum Beispiel auch Gen 5,2; 9,1; 12,2f; 17,16; 22,17; 24,1; 26,3.12.24; 39,5; 49,25; Ex 20,24; 23,25; Num 6,27; Dtn 7,13; 11,26f; 15,4.10; 16,10; 28,2.8; Ps 3,8; 5,12; 24,5; 29,11; 67,6f; 115,12f; 128,5; 132,15; 133,3).

Im Buch Numeri (4. Buch Mose) lesen wir:
»Der Herr sprach zu Mose: Sag zu Aaron und seinen Söhnen:
So sollt ihr die Israeliten segnen; sprecht zu ihnen:
Der Herr segne dich und behüte dich.
Der Herr lasse sein Angesicht über dich leuchten und sei dir gnädig.
Der Herr wende sein Angesicht dir zu und schenke dir Heil.
So sollen sie meinen Namen auf die Israeliten legen, und ich werde sie segnen« (Num 6,22–27).

Welch eine Verheißung Gottes! »Ich werde sie segnen. Ich wende

mein Angesicht ihnen zu. Ich lasse mein Angesicht über sie leuchten ...«
Gott will uns mit seinem Segen nahe sein!

Im letzten Hauptabschnitt haben wir gesehen: Gott ist treu. Gott steht zu seinen Verheißungen. Gott steht zu seinen Worten. Gott hat sich in 15 Milliarden Jahren nicht einmal geändert!
Dann aber heißt doch »Gott segnete sie« für Sie wie für mich, für Ihre wie für meine Kinder:
Gott will uns auch heute mit seinem Segen nahe sein.
Gott will uns auch heute segnen mit seiner Zuwendung, mit seinem Leuchten, mit seinem Gnädig-sein.

Spüren Sie hier etwas von der großen Liebe Gottes?
Daß er uns Menschen nicht allein lassen will.
Daß er uns einen Weg zeigen will.
Daß er uns Menschen helfen will.

Wie sehr wird unser Leben verändert, mit Kraft und mit Heil erfüllt, wenn wir dieses segnende Handeln Gottes bewußt in unser Leben aufnehmen. Wenn wir uns im vollen Vertrauen, daß Gott auch mein Leben segnen will, jeden Tag an ihn wenden und ihn um seinen Schutz und um seine Hilfe für unser Leben bitten.

Gott will auch mir ganz persönlich helfen.
Ob ich Sorge um meine Kinder oder Angst vor einer Prüfung habe, ob ich um meinen Arbeitsplatz bange oder mich einsam und verlassen im Leben fühle:

Gott wartet auf mich, daß ich ihn um seinen allmächtigen Beistand bitte.

Es liegt allein an mir, ob ich mit dem Segen Gottes oder ohne ihn mein Leben bewältigen will.

Gott bietet mir täglich seine Hilfe an.

... und er sprach zu ihnen

Das zweite Handeln Gottes an uns Menschen: *Gott spricht zu uns!*
Er überläßt uns nicht uns allein.
Er läßt uns nicht links liegen.

Wir kennen doch alle diese Szenen: Wenn man einem Menschen nicht gut ist, geht man dem anderen aus dem Weg. Man spricht nicht mehr mit ihm.
Wie hart kann man einem anderen seine Verachtung beweisen, wenn man ihn nicht mehr beachtet. Wenn man seine Signale nicht beantwortet ...

Gott handelt da ganz anders: Er wendet sich uns Menschen zu.
Er zeigt uns seine Zuwendung nicht nur mit seinem Segen. Er spricht auch mit uns! Er setzt seinen Segen um in Taten.
Welch ein *doppeltes* Zeichen von göttlicher Großherzigkeit und göttlicher Güte:
Gott segnet uns.
Gott spricht mit uns.

Das aber heißt: Gott hat den Menschen *zu seinem Partner* gemacht. Er hat uns Menschen nicht nur »als sein Abbild« geschaffen. Er will mit uns auch *in einem fortwährenden Gespräch* verbunden bleiben.
Allein in den fünf Büchern des Mose finden wir ungezählte Beispiele, wie Gott immer wieder mit den Menschen spricht.

Gott will auch mit uns reden. Gott können wir auch heute noch zu uns sprechen hören. Wir müssen uns ihm nur ganz öffnen und dürfen uns nicht vor ihm verschließen.

Gott will uns nahe sein

Dieser unfaßbar große, dieser unbegreiflich un-endliche Gott will uns Menschen nahe sein. Er will unser Leben begleiten mit seinem persönlichen Schutz – Gott segnet uns – und mit seiner persönlichen Führung – Gott spricht zu uns.

Um das richtig verstehen zu können, müssen wir uns einmal weltliche Herrscher anschauen: Diese halten ihr Volk auf Abstand. Sie setzen es teilweise unter Angst und Furcht. Für den »kleinen Mann« sind sie so gut wie nie zu sprechen. Selbst »wichtige« Leute müssen sich wochenlang vorher anmelden.

Wie aber regiert Gott, der Schöpfer des ganzen Alls, der Herr über 4 700 000 000 Menschen und Herrscher über Trilliarden von Sternen und Sonnen?
Gott hat keine Vorzimmer, in denen wir uns anmelden müssen.
Bei Gott gibt es keine Sprechstunden, in denen wir stundenlang warten dürfen.

Um Gott sprechen zu können, müssen wir keine weiten Reisen unternehmen, keine Termine Monate vorher vereinbaren und keine Parade-Kleidung anlegen.

So wie wir sind, in jeder Situation, in der wir uns befinden, *zu jeder Zeit* und *an jedem Ort* dürfen wir zu Gott kommen.

Gott wartet überall auf uns.

Gott will uns immer und überall nahe sein.

Weil er ein Gott voller Liebe ist!

Weil er unsere Gebrechlichkeit kennt und weil er weiß, wie sehr wir seine Hilfe brauchen.
Weil er uns durch seine Nähe helfen will.

Weil es zu einem seiner wichtigsten Wesenszüge wie zum Wesen jeder Liebe gehört: Gott möchte den von ihm geliebten Menschen nahe sein.

Gott möchte uns immer und überall begleiten.
Immer und überall will Gott uns seinen Beistand zukommen lassen.

Deshalb gibt er uns auch die Möglichkeit, immer – an jedem Ort – und überall – zu jeder Stunde – zu ihm kommen zu können.

Was Gott Jakob im Schlaf versprochen hat, das gilt auch uns heute noch:
»Ich bin bei dir, ich behüte dich, wohin du auch gehst ...« (Gen 28,15).

Es liegt an uns, ob wir Gottes Verheißungen, seine Hilfe und seinen Schutz, für uns in Anspruch nehmen, oder ob wir voller Stolz alles allein können wollen.

Ein drittes Handeln Gottes

zeigt der Schöpfungs-Bericht: *Gott vertraut* den Menschen. Er vertraut uns die ganze Erde an!
»Gott segnete sie, und Gott sprach zu ihnen: Seid fruchtbar, und vermehrt euch, bevölkert die Erde, unterwerft sie euch, und herrscht über die Fische des Meeres, über die Vögel des Himmels und über alle Tiere, die sich auf dem Land regen« (Gen 1,28).

»Unterwerft sie euch und herrscht ...«

Wie kommt Gott dazu, dem Menschen die große, weite Erde anzuvertrauen?
Wer ist denn dieser Mensch?

Nach dem Sündenfall zeigt es sich, wie schwach wir sind: Einer Schlange ist Eva gefolgt ...

Wir wissen aus eigenem Erleben, wie anfällig und fehlerhaft Menschen sein können. Und doch:
Gott vertraut uns trotz aller unserer Schwächen die Erde an. Wir sollen sie bevölkern und beherrschen.
Dazu kann es für Gott nur einen Grund geben: Wir müssen *Gott sehr nahe* stehen, wenn er dieses Vertrauen in uns setzt.

Gott, der un-endlich große, der all-mächtige Gott, *vertraut uns armen schwachen Menschen.*

Wie wenig dagegen vertrauen wir kleinen armseligen Menschen diesem allmächtigen Gott!

Gott führt uns

Gott wußte natürlich, daß wir es allein nicht schaffen würden, die Erde urbar zu machen und alle Tiere und Pflanzen zu beherrschen. Deswegen gab er uns als erstes ja auch seinen Segen.

Und deswegen versprach er uns auch immer wieder, daß er uns helfen und uns begleiten wolle:
»Ich bin der Herr, dein Gott, der dich lehrt, was Nutzen bringt und der dich auf den Weg führt, den du gehen sollst« (Jer 48,17).

Immer wieder greift Gott in das Leben der Menschen ein.
Gott spricht zu Adam. Zu Abraham. Zu Mose.
Gott spricht zu den Menschen durch seine Propheten.
Wieviele Propheten hat Gott dem Volk Israel gesandt!

Bis er schließlich gar seinen Sohn gesandt hat, um uns eine neue, eine frohe Botschaft vom Handeln Gottes zu übermitteln.

Gott ist immer am Wirken.
Auch in unserer Zeit erhalten wir Menschen, wenn wir uns ihm anvertrauen und uns seiner Führung unterstellen, Botschaften von Gott. Allein durch die Bibel und durch die Kirche spricht Gott täglich zu uns. Es kommt auf uns an, ob wir von Gottes Angebot Gebrauch machen.

Gott läßt uns Menschen nicht allein.
Schließlich ist ja er, Gott selbst, der Schöpfer der Menschen. Er hat uns gezeugt und erschaffen.
Er wartet voller Liebe täglich auf uns, daß wir zu ihm kommen und uns von ihm führen lassen.

Ich möchte Ihnen Mut machen, daß auch Sie Ihr Leben ganz konkret auf die Verheißungen Gottes bauen! Wenden Sie sich an ihn *mit allen Ihren Sorgen und Nöten*. Bitten Sie ihn um seine Führung im Alltag.
Sie können Gott um alles bitten. Wenn Ihre Bitte *im Einklang mit dem Willen Gottes* steht, wird er sie Ihnen erfüllen:

»Ich versichere euch: der Vater wird euch alles geben, worum ihr bittet, wenn ihr euch dabei auf mich beruft ... Bittet, und er wird euch beschenken, damit an eurer Freude nichts mehr fehlt« (Joh 16,23f).
»Wenn ihr mit mir vereint bleibt und meine Worte in euch lebendig sind, könnt ihr den Vater um alles bitten, was ihr wollt, und ihr werdet es bekommen« (Joh 15,7).
»Wieviel mehr wird euer Vater im Himmel denen Gutes geben, die ihn darum bitten« (Mt 7,11).

Gott wird sich auch Ihnen erfahrbar zuwenden! Gott wird auch Ihnen helfen, wenn Sie *voller Vertrauen* auf seine Allmacht ihn um seine Hilfe bitten:

»Wenn du rufst, wird der Herr dir Antwort geben; wenn du um Hilfe schreist, wird er sagen: Hier bin ich« (Jes 58,9).

Das Gottesbild des Alten Testaments

Vom Gottesbild der gläubigen Juden im Alten Testament ist uns vor allem in Erinnerung, daß dieser große, unendliche Gott ein sehr *gerechter* und deshalb auch ein sehr *strenger* Gott sei: »Gott ist ein gerechter Richter«, heißt es im zwölften Vers des siebten Psalms. Von den drei jungen Männern im Feuerofen lesen wir bei ihrem Lobpreis Gottes:
»Du bist gerecht in allem, was du getan hast ... Alle deine Urteile sind wahr« (Dan 3,27).

Ein Gott, der ohne Fehler ist, ein Gott, der die Vollkommenheit in sich ist, kann kein ungerechter Gott sein.

Aber wer auch immer Gott einseitig nur als den gerechten und strengen Gott sehen will, der übersieht dabei, daß Gott nicht menschlich zu begreifen und nicht menschlich zu verstehen ist.

Gott übt seine Eigenschaften nicht einseitig wie Menschen aus. Gottes Handeln umfaßt stets die ganze Spannweite seines Seins.

Gott handelt nicht wie ein menschlicher Richter. Gott sieht nicht nur unsere vollendeten Taten. Er sieht auch unseren – oft schwachen – Willen.

Er beurteilt uns in unserer Gesamtheit aus der großen und weiten Sicht seiner göttlichen Liebe.

Weil Gottes Wirken immer nur schöpferisch sein und immer nur Heil schaffen will, handelt Gott, auch wenn er urteilt und straft, immer auch als *ein liebender Gott*.

Bei allem, was Gott tut, sind stets *alle* seine Eigenschaften am Werk.

Eine seiner wesentlichen Eigenschaften aber heißt Barmherzigkeit.

Gott ist ein barmherziger Gott

Warum diese wichtige Botschaft des Alten Testaments »*Gott ist ein barmherziger Gott*« so stark in den Hintergrund trat gegenüber dem »strengen, gerechten, strafenden« Gott, kann ich nur mit einem Wirken des großen Verwirrers (des »Diabolus« = des »Durcheinanderwerfer«) erklären.
Satan hat alles Interesse daran, in uns Menschen Angst vor Gott zu erzeugen; daß wir uns fürchten vor Gott.
Weil wir uns dann nicht mehr zu Gott hintrauen.
Weil wir dann die Kraft und die Hilfe Gottes für unser Leben nicht mehr in Anspruch nehmen.
Weil wir dann, auf uns allein gestellt, um so leichter in Verlassenheit und damit in Verzweiflung geraten.

Gott ist ein barmherziger Gott! Gott selbst hat es den Juden in Worten und in sichtbaren Taten immer wieder geoffenbart.

Als das jüdische Volk schon sechs Wochen in der Wüste unterwegs war und murrte, »wären wir doch in Ägypten durch die Hand des Herrn gestorben, als wir an den Fleischtöpfen saßen und genug Brot zu essen hatten« (Ex 16,3), da sprach Gott zu Mose: »Ich habe das Murren der Israeliten gehört. Sag ihnen: Am Abend werdet ihr Fleisch zu essen haben, am Morgen werdet ihr satt sein von Brot, und ihr werdet erkennen, daß ich der Herr, euer Gott, bin« (Ex 16,12).

Hier ist nichts von einem strengen Gott zu spüren, der das Murren des Volkes vielleicht bestraft hätte. Gott zeigt sich barmherzig. Er weiß, daß die Juden auf ihrer Wanderung durch die Wüste müde und hungrig geworden sind. *Er hat Verständnis für sie.*

Mose hat diese Barmherzigkeit Gottes immer wieder erfahren dürfen. Daran erinnert er sein Volk in seiner großen Rede am Ende der vierzigjährigen Wüstenwanderung:
»Dort werdet ihr den Herrn, deinen Gott, wieder suchen. Du wirst

ihn auch finden, wenn du dich *mit ganzem Herzen* und *mit ganzer Seele* um ihn bemühst. Wenn du in Not bist, werden alle diese Worte dich finden. In späteren Tagen wirst du zum Herrn, deinem Gott, zurückkehren und auf seine Stimme hören. Denn der Herr, dein Gott, ist ein barmherziger Gott. Er läßt dich nicht fallen und gibt dich nicht dem Verderben preis und vergißt nicht den Bund mit deinen Vätern, den er ihnen beschworen hat« (Dtn 4,29–31).

Der Herr, dein Gott, ist ein barmherziger Gott. Er läßt dich nicht fallen und gibt dich nicht dem Verderben preis.

Als Gott das Volk Juda wieder einmal gedemütigt hatte, weil König Ahas die Zügellosigkeit und die Treulosigkeit gegenüber Gott gefördert hatte (2 Chr 28,19.22), da schickte nach Ahas' Tod sein Sohn, der neue König Hiskija, Eilboten durch das Land und ließ zu einem großen Paschafest nach Jerusalem einladen: „Israeliten, kehrt um zum Herrn, dem Gott Abrahams, Isaaks und Israels, damit er sich dem Rest zuwendet, der von der Hand der Könige von Assur verschont geblieben ist ... Seid jetzt nicht hartnäckig wie euere Väter ... *Wenn ihr zum Herrn zurückkehrt, werden eure Brüder und Söhne Erbarmen finden* bei denen, die sie als Gefangene weggeführt haben. Sie werden in dieses Land zurückkehren dürfen; denn der Herr, euer Gott, ist gnädig und barmherzig. *Er wird sein Angesicht nicht von euch abwenden, wenn ihr zu ihm umkehrt*« (2 Chr 30,6.8f).

Viele solcher tröstlichen Stellen von der großen Barmherzigkeit Gottes können wir im Alten Testament finden. Ich will Ihnen hier nur einige wenige noch benennen:

»Ihr Herz hielt nicht fest zu ihm, sie hielten seinem Bund nicht die Treue. Er aber vergab ihnen voll Erbarmen die Schuld und tilgte sein Volk nicht aus« (Ps 78,37f).

»Herr, du bist gütig und bereit zu verzeihen, für alle, die zu dir rufen, reich an Gnade« (Ps 86,5).

»Er handelt an uns nicht nach unsern Sünden und vergilt uns nicht nach unsrer Schuld« (Ps 103,10).

»Der Herr ist gnädig und barmherzig, langmütig und reich an Gnade. Der Herr ist gütig zu allen, sein Erbarmen waltet über all seinen Werken« (Ps 145,8f).

»Ich wußte, daß du ein gnädiger und barmherziger Gott bist, langmütig und reich an Huld und daß deine Drohungen dich reuen« (Jona 4,2 b).

»Du hast mit allen Erbarmen, weil du alles vermagst, und siehst über die Sünden der Menschen hinweg, damit sie sich bekehren« (Weish 11,23).
(Weitere Stellen über die Barmherzigkeit Gottes finden Sie bei: Gen 19,16; Ex 33,19; Dtn 13,18; 30,3; 2 Kön 13,23; 2 Chr 36,15; Neh 9,31; Weish 15,1f; Klgl 3,21–23; 3,31f; Dan 9,9. Von den Psalmen seien erwähnt: 31,20; 40,12; 86,13; 86,15; 100,5; 103,8.11.13.17f; 106,1.46; 118,28f).

Lassen Sie mich dieses Kapitel von der Barmherzigkeit Gottes – wie sie das Alte Testament gesehen hat – mit einer besonders schönen Stelle aus Jesaja beschließen. Dort läßt in einer Vision Jesaja den Herrn sprechen:

»Wären eure Sünden auch rot wie Scharlach, sie sollen weiß werden wie Schnee. Wären sie rot wie Purpur, sie sollen weiß werden wie Wolle« (Jes 1,18).

Gott ist ein unendlich liebender Gott

Gott will uns nahe sein.
Gott will uns segnen.
Gott wartet überall auf uns mit seiner Hilfe.
Gott hat Verständnis für uns.

Sind das nicht alles Zeichen einer großen Liebe Gottes zu uns Menschen?
Der große, unbegreifliche Gott will uns so sehr nahe sein ...

Ja, er wollte uns noch näher sein.
Er wollte uns sich selbst offenbaren.
Seinen eigenen Sohn sandte er in die Welt, damit wir Menschen Erlösung finden können von unseren Sünden.
Damit uns eine neue Hoffnung in unserem Leben aufleuchtet.
Damit wir unseren Weg und unser Ziel besser erkennen können.

Der Sohn des un-endlich großen, des unbegreiflich all-mächtigen Gottes wird Mensch.

Haben Sie schon einmal in Ruhe darüber nachgedacht, was das heißt: Gott wird Mensch?
Welche Einschränkungen und welche Einengung legt sich Gottes Sohn auf!

Der Sohn des all-mächtigen und un-endlichen Gottes nimmt alle unsere menschlichen Begrenzungen und alle menschlichen Gebrechen an. (Mit Ausnahme der Sünde wurde er in allem den Menschen gleich! Phil 2,7).

Lassen Sie mich ein Beispiel versuchen, das zwar unvollkommen und schwach ist, aber vielleicht ein ganz klein wenig aufzeigen kann, was es für Gott heißen mußte, daß er seinen eigenen Sohn Mensch werden ließ:

Stellen Sie sich einmal vor, daß es irgendwo in Südafrika einen Ameisenhaufen gibt und daß Ihnen in den Sinn käme, Sie wollten diesen kleinen, armseligen Ameisen Ihre Hilfe zukommen lassen.
Noch mehr: Sie möchten diesen kleinen Ameisen dort unten zeigen, daß Sie ein Freund der Ameisen sind, daß Sie diese Ameisen lieben, wie Sie Ihre eigenen Kinder lieben ...

Und damit man Ihnen Ihre Liebe auch glaubt ... lassen Sie Ihr eigenes Kind, Ihren eigenen Sohn, in eine dieser Ameisen verwandeln ...

»Verrückt!« »Unmöglich!« »Das gibt es nicht ...«

Für Menschen wäre das wirklich eine verrückte und unmögliche Idee.
Eine Idee, die gar nicht zu verwirklichen wäre ...
Für Gott ist nichts unmöglich.
Für Gott gibt es auch in seiner unendlich großen Liebe keine Grenzen und Schranken:
So einmalig liebt Gott die Menschen, daß er seinen eigenen Sohn, den Sohn des großen, all-mächtigen Gottes, ein hilfloses, kleines, gebrechliches Kind werden ließ ...

Aber selbst das hat Gott noch nicht gereicht in der Unendlichkeit seiner Liebe. Er hätte seinen Sohn ja immerhin in einem Königspalast auf die Welt kommen und von vielen Bediensteten umgeben lassen können. Schließlich ist die Erniedrigung der Menschwerdung Gottes schon allein ein überwältigendes Zeichen.

Nein. So würden höchstens wieder wir Menschen denken und handeln. *Gottes Liebe zu uns ist viel, viel größer, als wir es uns je ausdenken können.*
Weil Jesus der Erlöser aller Menschen werden sollte, weil der Sohn Gottes gerade den Ärmsten unter den Armen seine Liebe und seine Zuneigung zeigen wollte, kam er auch dort in die Welt, wo seine Armen zuhause sind:
In einem Stall.
In einer kalten Nacht.
Als Sohn eines Arbeiters.

Welch eine große Liebe!

Welch ein überwältigendes Zeichen!

Aber auch das genügt Gott noch nicht, Ärmster unter den Armen, Verlassenster unter den Verlassenen zu sein. Gott hat noch viel mehr mit uns Menschen vor:
Er will *für alle Zeiten der Menschheitsgeschichte* seinen Frieden mit den Menschen machen. Er will ihnen zeigen, daß er ihnen alle ihre Sünden vergeben will. Schon im voraus vergeben will, auch wenn ihn jede einzelne dieser Sünden kränkt.
Denn so sehr liebt Gott die Menschen, so sehr ist Gott ganz von Liebe erfüllt, daß er uns Menschen gegenüber, auch wenn er zürnt und straft, immer der Gott der Liebe ist und der Gott der Liebe bleibt:
Gott handelt immer nur aus Liebe.

Damit wir Menschen diese seine unbegreifliche große Liebe verstehen können, greift Gott zu der für Menschen unfaßbaren Tat: Gott gibt *seinen eigenen, von ihm unendlich geliebten Sohn* dahin, daß er für die Rettung und Erlösung der ganzen Menschheit den *schändlichsten, schmählichsten und schlimmsten Tod* auf sich nimmt, den ein Mensch zur Zeit Jesu nur auf sich nehmen kann:

Gott läßt zu, daß sein eigener Sohn ans Kreuz geschlagen wird.

Wie ein Verbrecher läßt Jesus, der Sohn Gottes, sich behandeln.
Ohne Widerrede.
Ohne Gegenwehr.
Macht-los stirbt der Sohn des All-mächtigen.

Weil Gott die Menschen liebt.

So sehr lieb hat ...

Die Botschaft Jesu

Durch seinen eigenen Tod hat Jesus bezeugt, wie glaubwürdig, wie treu, wie zuverlässig er und sein Vater handeln. Das war ein

wesentlicher Bestandteil seiner Botschaft, die er von seinem Vater den Menschen brachte:
»So groß ist die Liebe Gottes, daß er seinen einzigen Sohn als Retter für die Menschheit hingab, damit keiner zugrunde gehe, der sich auf ihn verläßt. Gott sandte ihn nicht in die Welt, um die Menschen zu verurteilen, sondern um sie zu retten« (Joh 3,16f).
Und Jesus berichtete den Menschen von seinem Vater. Er zeigte ihnen, was der Wille des Vaters ist. Daß er gekommen ist, um den Willen des Vaters zu erfüllen.

Vor allem aber wollte er den Menschen zeigen, *daß Gott ganz anders ist, als es die Lehrer bisher verkündet haben*. Daß Gott ganz anders handelt, als die Priester es bisher aus den Gesetzen entnommen haben:

Gott ist wie ein Hirte, der alles liegen läßt und das verlorene Schaf sucht, bis er es findet ... (Lk 15,1–7).

Gott ist wie die Frau, die ihr ganzes Haus ausfegt, um ihre verlorene Drachme zu suchen ... (Lk 15,8–10).

Gott ist wie der barmherzige Vater, der mit seinem verloren gewesenen Sohn ein Fest feiert ... (Lk 15,11–32).

Wie Gott wirklich handelt

»Jesus erzählte: Ein Mann hatte zwei Söhne. Der jüngere sagte zu seinem Vater: ›Gib mir den Teil der Erbschaft, der mir zusteht!‹ Da teilte der Vater seinen Besitz unter die beiden auf. Nach ein paar Tagen machte der jüngere Sohn seinen ganzen Anteil zu Geld und zog in die Fremde. Dort lebte er in Saus und Braus und verjubelte alles.« (Lk 15,11–13).
Man muß sich das genau vorstellen: Da hatte ein Vater ein Leben lang gearbeitet und gespart. Seinen beiden Söhnen sollte es einmal gut gehen, wenn er tot wäre.

Dann kommt eines Tages der jüngere Sohn und fordert – lange vor der Zeit – sein Erbteil. Er will nicht mehr zuhause bleiben. Ihn zieht es in die Ferne, weg vom Vater.
In wenigen Tagen machte er »seinen ganzen Anteil zu Geld und zog in die Fremde«.

Können Sie sich vorstellen, was das heißt, »er machte sein ganzes Erbteil zu Geld«?
Was der Vater auch besaß, der Sohn verkaufte seinen Anteil!
Vielleicht hatte der Vater ein Haus. Vielleicht waren Äcker dabei.
Ganz gleich, was es war: Der Vater hatte ein Leben lang dafür gearbeitet. Ein ganzes Leben lang. Nun mußte er den Anteil des Sohnes abtreten, mit neuen, fremden Besitzern sein Haus, seine Äcker teilen ...

Der Sohn aber machte alles zu Geld, zog in die Fremde, »lebte dort in Saus und Braus und verjubelte alles«. Im Vers 30 heißt es sogar: »Dein Sohn hat dein Geld mit Huren durchgebracht.«
Nicht genug, daß der Vater einen Teil seines sauer ersparten Vermögens abgeben mußte. Der Sohn hat das ganze Geld auch rasch und leichtsinnig vertan.

Bald hatte er keinen Pfennig mehr. »Er war so hungrig, daß er auch mit dem Schweinefutter zufrieden gewesen wäre; aber selbst das verwehrte man ihm« (Vers 16). »Da machte er sich auf den Weg zu seinem Vater« (Vers 20).

Und nun müssen Sie diese Geschichte (Lk 15,20–24) einmal Wort für Wort lesen, wie Jesus hier das Handeln des göttlichen Vaters schildert:

»Der Vater sah ihn schon von weitem kommen.«

Hat er auf ihn gewartet? Der Sohn war doch so weit fort!
Woher wußte der Vater, daß der Sohn nach Hause kommt?

Hat er vielleicht Tag für Tag, Woche um Woche, Monat für Monat, täglich, vielleicht sogar stündlich aus dem Fenster hinausgeschaut? Immer mit dem Wunsch und der Sehnsucht, daß der Sohn doch wieder einmal umkehren, wieder einmal nach Hause, zu ihm, dem Vater, kommen würde?

Der Vater wußte, daß eine Hungersnot ausgebrochen war.
Er machte sich Sorgen um den Sohn.
Er wollte ihm nahe sein.
Ihm helfen.
Ihm Liebe schenken ...

»Voller Mitleid lief er ihm entgegen ...«

Wie denken wir eigentlich immer von Gott, wenn wir gefehlt und gesündigt haben?
Wir haben Angst, Gott unsere Schwächen und Sünden einzugestehen.
Wir getrauen uns nicht, zu ihm zu gehen.
Er könnte uns strafen. Oder schimpfen.
Oder nicht mehr annehmen.
»Voller Mitleid lief er ihm entgegen.«

Gott wartet auf uns. Gott geht auch uns entgegen, wenn wir uns zu ihm aufmachen!

Jesus sagt uns durch dieses Beispiel: Es kommt bei Gott gar nicht darauf an, in welcher mißlichen Lage oder sündhaften Situation wir uns befinden.
Wichtig ist nur, *wohin* wir gehen, *in welche Richtung* unser Leben verläuft.
Ob wir uns aufmachen wollen, wieder zu unserem göttlichen Vater zu gehen. Ob wir Sehnsucht haben, Gott wieder suchen zu wollen, Gott wieder finden zu wollen, mit Gott wieder alles in Ordnung bringen zu wollen.
Oder ob wir uns weiter von Gott entfernen wollen ...

Gott sorgt sich um jeden einzelnen, der in die Irre gegangen ist.
Gott sucht auch Sie!
Gott geht auch Ihnen entgegen!

Gott wartet nur auf Ihren ersten Schritt!
Daß Sie Sehnsucht nach ihm haben.
Daß Sie umkehren zu ihm.

Alles andere können Sie voller Vertrauen ihm überlassen.
Gott selbst fängt mit der Versöhnung an.
Gott selbst kommt Ihnen entgegen.

Es kommt nur auf Ihren ersten Schritt an!

Das beste Kleid, ein Ring und ein Mastkalb

Der Vater läßt seinen Sohn gar nicht zu Wort kommen:

»Er fiel ihm um den Hals und küßte ihn.«

Als der Sohn doch zu stammeln anfängt, »ich bin vor Gott und vor dir schuldig geworden, ich verdiene es nicht mehr, dein Sohn zu sein!«, da denkt der Vater nicht mehr an das, was der Sohn ihm angetan hat ... Sein Herz ist nur voller Freude und er befiehlt seinen Dienern:

»Schnell, holt das beste Kleid für ihn, steckt ihm einen Ring an den Finger und bringt ihm Schuhe.«

Er sieht nur seinen Sohn, nicht dessen Sünden und Fehler. Und er sieht, was der Sohn benötigt: Er braucht ein neues Kleid; er hat keine Schuhe mehr.

»So handelt Gott«, will Jesus uns mit diesem Gleichnis sagen: Gott schaut nicht mehr auf unsere Sünden, wenn wir zu ihm umkehren.

Er zieht uns das alte, sündhafte Gewand aus und schenkt uns ein neues Kleid. Er läßt keine Sündenmakel mehr an uns; kein Zeichen der Schuld soll zurückbleiben: Gott freut sich über jeden, der zu ihm heimkehrt!

»Holt das Mastkalb und schlachtet es. Wir wollen ein Fest feiern und uns freuen! Mein Sohn hier war tot, jetzt lebt er wieder. Er war verloren, jetzt ist er wiedergefunden!«

Vergessen ist alles, was ihm der Sohn angetan hat: Gott vergibt uns alle unsere Sünden, all unser ab-sondern (= Sünde!) von ihm, wenn wir unser Leben ändern und wieder zu ihm umkehren.
Gott hält uns keine unserer Fehler vor, wenn wir uns ihm wieder zuwenden.
Gott wartet mit großer Sehnsucht täglich auf unsere Rückkehr.

Gott wartet auch auf Sie, daß Sie Ihr Leben ändern, daß Sie Ihren Weg wieder zu ihm hin ausrichten – und nicht vor ihm weiterhin weglaufen.

Auch Sie ruft Gott!

Spüren Sie, daß Gott auch Sie ruft? Daß er durch dieses Gleichnis vom barmherzigen Vater auch Sie ansprechen, auch Sie zurückholen will?
Jesus ruft auch Ihnen zu: »Kommt doch zu mir, die ihr euch abplagt; ich will euch die Last abnehmen. Ich quäle euch nicht und sehe auf keinen herab. Stellt euch unter meine Leitung und lernt von mir; dann findet euer Leben Erfüllung. Was ich anordne, ist gut für euch, und was ich euch zu tragen gebe, ist keine Last« (Mt 11,28 – 30).

Das will Gott:
Uns die Last des Lebens tragen helfen.
Unserem Leben Erfüllung schenken.

Dazu müssen wir nur eines tun: Wieder mehr auf Gott schauen. Unser Leben wieder mehr auf Gott ausrichten.

Unruhig wird unser Herz bleiben, so lange wir allein unseren Weg gehen wollen, so lange wir allein die Tüchtigen sein wollen. Enttäuscht und zerfahren werden wir hin- und hergerissen, so lange wir allein alles besser wissen wollen.

Gott bietet uns seine Hilfe, seinen Segen, seinen Schutz, seine übergroße Liebe an: Es liegt an uns, ob und wann wir unser Leben erleichtern wollen. Ob wir unser Leben lieber mit Gottes Hilfe und unter seinem Schutz, oder alleingelassen mit unseren Sehnsüchten und Ängsten führen wollen ...

Auch wenn wir so sehr wie der verlorene Sohn – oder noch mehr – versagt haben und in die Irre gegangen sind: Gott wartet auch auf uns!

Gott will auch mit Ihnen ein Fest feiern.

Gott will auch Sie ausrüsten mit neuer Kraft und neuer Freude. Ich möchte Ihnen Mut machen: Machen Sie sich auf zu ihm!

Es gibt kein schöneres Leben als ein Leben mit Gott!

Wer Gott wirklich ist

In seinem ersten Brief schreibt Johannes: »Gott ist die Liebe« (1 Joh 4,8.16).

Gott ist nicht nur voller Liebe (Lk 1,78). Gott handelt nicht nur aus Liebe, weil er die Liebe für etwas Gutes und Schönes hält. Gott kann gar nicht anders handeln, denn er selbst *ist* die Liebe. Das allein erklärt sein Handeln und Wirken unter den Menschen, wenn Gott zum Beispiel alle Maßstäbe menschlicher Gerechtigkeit hinter sich läßt und wenn ihm die Versöhnung und die Vergebung wichtiger sind als Strafe und Vergeltung.

Gott ist die Liebe.
Als solcher »will« er nicht nur immer lieben und Liebe verschenken. Er *ist* ganz Liebe!
Da alles in ihm nur Liebe ist, da er ganz und gar aus Liebe besteht, kann er auch immer nur aus Liebe handeln.

Papst Johannes Paul I., dessen strahlendes Leuchten der Menschheit nur für wenige Wochen vergönnt war, sagte einmal:
»Wir sind das Ziel der unvergänglichen Liebe Gottes. Er hat immer seine Augen über uns, auch wenn es uns Nacht erscheint. Er ist unser Vater; noch mehr: er ist uns auch Mutter. Er will uns nichts Böses, sondern nur Gutes tun, allen. – Wenn die Kinder krank sind, haben sie ein größeres Recht, von der Mutter geliebt zu werden. Und auch wir haben, wenn wir an Schlechtigkeit kranken oder vom rechten Weg abgekommen sind, ein größeres Recht darauf, vom Herrn geliebt zu werden.«

Gott ist die Liebe.

Gott handelt immer nur aus Liebe.

Was heißt Liebe?

Wir werden Gott immer besser verstehen und begreifen können – soweit das menschlich überhaupt möglich ist – , wenn wir uns das innerste Wesen Gottes, »Gott *ist* Liebe«, vor Augen halten, und wenn wir uns selbst fragen, was das eigentlich ist: die Liebe.

Was heißt Liebe?

Über die Liebe haben viele große Dichter und Schriftsteller schon geschrieben und man könnte noch weitere Bücher über die Liebe schreiben. Lassen Sie mich hier nur auf einige wesentliche Eigenschaften der Liebe hinweisen.

Wenn wir daran glauben, daß Gott die Liebe ist und daß Gott unendlich ist, dann läßt sich aus:

Gott = unendlich
Gott = Liebe
eine weitere Aussage ableiten:
Liebe = unendlich.

»Die Liebe hört niemals auf«, schreibt schon Paulus in seinem Hohelied der Liebe (1 Kor 13,8) und bestätigt uns, was wir aus den beiden Gleichungen abgeleitet haben.
Weil Gott Liebe ist, ist die Liebe ohne jedes Ende.

Alles, was wir Menschen bewirken, weitergeben, verschenken, hat irgendwo ein Ende. Vor allem unsere eigenen Kräfte haben oft ein Ende. Wir müssen uns ausruhen. Erholen.
Von der Liebe können wir so viel verschenken, wie wir wollen: Die Liebe nimmt niemals ab.
Im Gegenteil: *Wir erleben selbst erst Liebe, wenn wir beginnen, andere zu lieben.*
Und wir erfahren um so mehr Liebe für uns selbst, je mehr wir Liebe an andere weitergeben, an andere verschenken.
Das heißt: *Je mehr Liebe wir verschenken, um so größer wird die Liebe in uns!*

Liebe ist vor allem ein Geschenk.
Ein Verschenken.
Ein Teilen.
Ein »Nicht-für-mich-behalten-wollen«.
Ein »Nicht-für-mich-sein-wollen«.

Wenn wir das auf Gott übertragen, wird es uns deutlicher, wie Gott wirklich handelt:

Gott – die Liebe – *will sich nur verschenken.* Immerzu. Ohne Ende.

Gott will alles mit uns teilen.
Gott will nichts für sich behalten.

Sie müssen das wörtlich nehmen! Gott – die Liebe – will nur verschenken und weitergeben.
Alles, was er besitzt, alles, was er ist ...

Spüren wir ein wenig, wie kleingläubig wir bisher gelebt haben? Warum bisher so viel Angst und so wenig Freude, so viel Mutlosigkeit und so wenig Hoffnung in unserem Leben waren?

Wenn Sie damit ernst machen in Ihrem Leben, wenn Sie wirklich darauf bauen, daß Gott nur aus Liebe besteht und daß Gott alles mit uns teilen will, dann wird auch Ihr Leben eine radikale Änderung erfahren!

Dann wird auch Ihr Leben nicht mehr mit Angst,
um so mehr aber mit Liebe,
nicht mehr mit Hoffnungslosigkeit,
um so mehr aber mit Freude und Zuversicht erfüllt sein:

Gott, mein Gott,
dieser unendlich große,
dieser ohne Ende mächtige Gott,
will auch mich teilhaben lassen an seiner Liebe!

So wie ich bin

Lassen Sie uns noch einmal im Gleichnis vom barmherzigen Vater und vom verlorenen Sohn nachlesen:
»*Er lief ihm entgegen, fiel ihm um den Hals und küßte ihn*« (Lk 15,20).

Der Vater hat nicht gesagt: Steckt den verdreckten Sohn erst in die Badewanne. Wascht ihn und bringt ihm saubere Kleider. Dann führt ihn zu mir.
Nein. So, wie der Sohn zurückkam, zerlumpt, schmutzig, verschwitzt oder durchnäßt, zerzaust: so liebt ihn der Vater, so empfängt er ihn, so fällt er ihm um den Hals, so küßt er ihn.

Jesus will uns damit sagen: *Dein göttlicher Vater liebt Dich so wie Du bist.*

Gott liebt mich mit allen meinen Fehlern und Schwächen.
Mit allen meinen Sehnsüchten und Wünschen.
Mit meinem Lieben und mit meinem Versagen.

Gott liebt mich so, wie ich bin.

Gott sagt Ja zu mir.
Er schreibt mich nicht ab, wenn ich gesündigt, wenn ich mich von ihm abgewandt habe.
Wenn ich vielleicht jahrelang in die Irre gelaufen bin.
Gott »steht jeden Tag am Fenster« und schaut, ob ich nicht wieder zu ihm zurückkomme. Er wird nicht müde mit seinem Warten auf mich.
Gott ist voll unendlicher Geduld.

Er stellt mir auch keine Bedingungen.
Er umarmt mich und segnet mich, wie ich bin.
Es kommt nur auf mein Ja zu Gott an.

Gott will nicht warten, bis ich rein von aller Schuld und allen Fehlern bin.
Er will meine Liebe jetzt und hier in dieser Stunde.

Alles andere ist unwichtig. Gott »kommt auch mir entgegen« und er führt mich, wenn ich Sehnsucht nach ihm habe und Ja zu ihm sage.

Gott nimmt mich ernst

Für Gott ist nicht wichtig, ob ich Arbeiter oder Chef, Chauffeur oder Minister bin. *»Gott macht keine Unterschiede«* (Röm 2,11). Für Gott ist jeder Mensch gleich wichtig.
Gott hat mich als einzelnen, noch nie dagewesenen und sich nie mehr wiederholbaren Menschen geschaffen: Nicht zwei Menschen auf dieser Welt haben genau den gleichen Körperbau, haben genau das gleiche Gesicht.
Meine Stimme, meine Unterschrift und mein Fingerabdruck lassen sich von jedem der 4700000000 lebenden Menschen unterscheiden.
Keiner der 4,7 Milliarden Menschen denkt die gleichen Gedanken wie ich!
Gott hat uns Menschen nicht als Automaten-Abdruck geschaffen. »Ihm ähnlich« (Gen 1,26) sollten wir sein. Ein Abbild seiner selbst.

So wichtig sind Sie für Gott, daß er Sie urpersönlich, als einmalige, nie mehr wiederkehrende Person geschaffen hat.

So ernst nimmt uns Gott.

Weil er uns so sehr lieb hat!

Weil Gott die Liebe ist

Wenn wir wissen wollen, wie Gott handelt, müssen wir uns nur fragen, wie die Liebe handelt. Denn da Gott die Liebe ist, so gilt auch:

Die Liebe kommt aus Gott.

Die schönste Erklärung für das Handeln der Liebe, und damit auch für das Handeln Gottes, finden wir im »Hohelied der Liebe«, das uns Paulus im 13. Kapitel des ersten Korintherbriefes aufgeschrieben hat. Im Vers 4 lesen wir:

»Die Liebe ist langmütig.«

»Die Liebe ist gütig.«

»Sie ereifert sich nicht.«

»Sie prahlt nicht.«

»Sie spielt sich nicht auf.«

Wie langmütig und gütig Gott handelt, haben wir schon im Gleichnis vom barmherzigen Vater gesehen.

»Sie ereifert sich nicht.«
Gott ist kein Eiferer! Das ist ein falsches Bild von Gott, wenn uns manchmal eingegeben wird, wir müßten irgendwelche besonderen Anstrengungen oder Leistungen für Gott vollbringen.
Gott ist kein Fußball-Trainer, der uns Höchstleistungen abverlangt. Der uns Runde um Runde über den Rasen hetzt.
Gott ist kein Taktgeber, der uns vorschreibt, wieviel Gebete wir in der Stunde oder am Tag »leisten« müssen.

»Sie prahlt nicht. Sie spielt sich nicht auf.«
Gott prahlt nicht mit seiner Größe. Und er spielt sich nicht auf gegenüber uns Menschen.
Obwohl er überall am Wirken und überall gegenwärtig ist, hält er sich »im Hintergrund«. Weil er uns nicht mit Zwang oder Druck, sondern ausschließlich und allein mit seiner Liebe führen und begleiten will.
Nur seine Liebe – und nichts als Liebe – ist ihm wichtig.

Wir Menschen und seine Liebe zu uns Menschen sind für Gott von so großer Bedeutung, daß er lieber sich als uns Schranken auferlegt, daß er lieber sich in seinen Handlungen begrenzt, als uns: Weil Gott unverbrüchlich an seinen Gesetzen wie an seinen Verheißungen festhalten will, für alle Zeiten festhalten will, hat er – der große, allmächtige Gott –, seiner Allmacht Grenzen auferlegt: »*Gott steht zu seinem Wort*« (1 Kor 1,9).

»*Selbst wenn wir ihm untreu sind, bleibt er trotzdem treu, denn er kann sich selbst nicht untreu werden*« (2 Tim 2,13).

Uns aber, uns armen kleinen Menschen, schenkt er Freiheit:
»*Gott hat euch zur Freiheit berufen, Brüder!*« schreibt Paulus im Brief an die Galater (5,13).
Im zweiten Brief an die Korinther bestätigt es der Völkerapostel nochmals:
»*Wo der Geist des Herrn ist, da ist Freiheit*« (2 Kor 3,17).

Wie kann Gott nur

Wenn es nicht so ernst und so traurig wäre, könnte man über die Vermessenheit vieler Menschen staunen oder auch ärgerlich werden. Da wissen viele doch alles – oder manches – so viel, viel besser als Gott.

Warum hat Gott ...
Wie kann Gott nur ...
Das ist doch kein Gott, der so etwas zuläßt ...

Wir alle kennen solche Aussagen. Ja, vielleicht haben wir selbst im Leben schon manchmal so gedacht und so gesprochen: Wie kann Gott nur ...

Auf der Suche nach einer Antwort sollten wir uns zuerst wieder daran erinnern, wer Gott ist:
Der un-endlich Große, der un-begreiflich All-mächtige, der ohne Anfang und ohne Ende Seiende.

Gott wäre kein Gott mehr, Gott wäre nicht mehr der unbegreiflich große Gott, wenn wir alle seine Handlungen verstehen und erklären könnten. Vieles müssen wir in dem großen Geheimnis stehen lassen, das Gott für uns ist.
Erinnern Sie sich an den Vergleich: Wenn wir für unser Leben 100 Jahre und dafür nur einen einzigen Millimeter ansetzen – so viel wie ein Staubkorn – , dann bräuchten wir allein für die Entstehungszeit unseres Weltalls eine Papierrolle, die 150 000 m lang ist.
Ein Staubkorn zu 150 000 m!
Gott aber ist noch viel, viel größer ...

In vielen Situationen können wir einfach nicht mehr anders, als nur noch stumm und schweigend vor Gott stehen.

Vor seiner menschlich nicht mehr begreifbaren Allmacht.
Vor seiner menschlich nicht mehr faßbaren Größe.

Sicher ist das leichter hingeschrieben, als im Leben praktiziert. Wenn uns ein geliebter Mensch jäh entrissen wird, wenn uns eine heimtückische Krankheit befällt, wenn all unser sorgfältiges Planen und lebenslanges Arbeiten uns plötzlich als nutzlos und umsonst erscheinen, dann finden wir Menschen oft keine Antwort mehr. Dumpf, zerschlagen, ratlos und voller Trauer stehen wir solchen Schicksalsschlägen gegenüber.

Erst wenn wir versuchen, mit großer Behutsamkeit und Ehrfurcht uns an das Geheimnis Gottes heranzutasten, finden wir auch für diese menschlichen Enttäuschungen Ansatzpunkte einer Antwort, die nicht leicht zu verstehen sind und die uns nicht sofort einleuchten wollen. Ja, die uns zunächst verschlossen, ja verbittert werden lassen können, wenn wir sie im Angesicht eines jähen, großen Schmerzes hören.
Und doch ist es so: Vieles läßt Gott zu, *weil ihm unsere persönliche Freiheit so wichtig ist*. Ja noch mehr: *Weil er aus seiner Liebe zu uns heraus keinen Eingriff in unsere eigene Entscheidungsfreiheit vornehmen will.*

Gott gibt Freiheit

Weil Gott weiß, daß unter Zwang keine Liebe entstehen kann, weil Gott weiß, daß sich Liebe nur dort entfalten kann, wo sie in Freiheit geschieht, wo sie von einem freien Willen vollzogen werden kann, hat Gott uns Menschen *die volle Freiheit geschenkt.*

Wie oft sprechen Gott feindlich gesinnte Menschen davon, daß Gott nur »Knechtschaft« und »Unterjochung« bedeuten würde. Eine der großen Täuschungsmanöver des Dritten Reiches – wie auch des Kommunismus – war und ist es, von der »Befreiung des Menschen« zu sprechen. Dabei wurden noch nie so viele Menschen brutal ihrer Freiheit beraubt wie heute im 20. Jahrhundert. (Auch unsere freiheitlichen Demokratien und alle ihre Gesellschaftsformen wie Liberalismus, Sozialismus – und wie die anderen »Ismen« alle heißen –, geben bei weitem den Menschen nicht so viel Freiheit, wie sie Gott uns gegenüber einräumt!)

Gottes Liebe zu uns ist so groß, daß er uns alle Freiheit gegeben hat. Sogar die Freiheit, ihm aus dem Weg zu gehen, ihn zu verlassen, ihn zu beleidigen ...

Ihn zu beleidigen. Ihn zu bekämpfen ...

Selbst das nimmt Gott auf sich!

Er sperrt uns auch nicht ein, wenn er uns beschützen will. Gottes Schutz ist anders. Wenn wir nicht wollen, können wir auch seinen Schutz ablehnen.
Er kettet uns nicht an. Selbst wenn wir ihm schon über viele Jahre treu gewesen sind, haben wir die Freiheit (und die Gefahr!), daß wir ihm wieder davonlaufen können.
Gott weiß eben besser als wir Menschen, die wir manchmal ein geliebtes Kind – oder auch einen geliebten erwachsenen Menschen – wie mit Ketten an uns »fesseln« möchten, daß *echte, wahre Liebe nur in voller Freiheit wachsen und reifen kann.*

Weil uns Gott so sehr liebt – und auch von uns voll und ganz geliebt werden möchte – , gewährt uns Gott die Freiheit unseres Handelns so radikal und umfassend, daß wir mit dieser Freiheit auch alle Fehler und Sünden, auch alle Schandtaten und viel Leid begehen können.

Was immer in der Welt unter Menschen geschieht, es geschieht durch den freien Willen der Menschen, den Gott um nichts einschränken will. Lieber hat Gott sich die Hände gebunden, als daß er unsere Liebe auch nur irgendwo durch den geringsten Druck erzwingen wollte.

Der barmherzige Vater im Gleichnis hatte den Sohn nicht festgehalten, als dieser ihn verlassen wollte. Er zahlte ihm sogar sein Erbteil vor der Zeit aus . . .

Auch wenn uns Gott oft lange nachgeht, auch wenn Gott ständig auf uns wartet: er hält uns nicht, wenn wir gehen wollen.
Gott bedrängt uns nicht, wenn wir ihn nicht lieben wollen.
Es liegt allein an uns und es ist von ihm ganz in unsere eigene persönliche Freiheit gestellt, ob wir Gott lieben wollen.
Ob wir unser Leben lieber unter dem Schutz des allmächtigen Gottes oder ohne ihn führen wollen.
Ob wir unser Leben lieber von ihm segnen und von ihm führen lassen oder aus eigenen schwachen Kräften gestalten wollen.

Gott gibt uns die volle Freiheit.
Es kommt auf unser eigenes, völlig freies Ja an!

Wenn wir es ihm aber geben, wird er uns ein unbegreiflich liebender, ein uns ohne Ende beschenkender, ein uns überall und immer begleitender Vater sein.

Ein Vater voller Treue und Güte:
»*Alles, was Gott tut, ist Güte und Treue für die, die seinen Bund achten und seinen Weisungen gehorchen*« (Ps 25,10).

Angst vor Gott

Gott hat uns alle Freiheit gegeben und lieber sich Schranken auferlegt; er hat sich für alle Zeiten an seine Gesetze und an seine Verheißungen gebunden (Dtn 7,9; 32,4; Jes 25,1; Kor 1,9; 2 Thess 3,3; 2 Tim 2,13; Hebr 10,23).

Wie den Menschen, hat Gott auch den bösen Geistern ihre Freiheit nicht genommen. Er läßt sie wirken, damit durch Jesus die Spreu vom Weizen getrennt werden kann (Mt 3,12).
So ziehen die Geister der Verwirrung umher und versuchen, mit vielerlei Anstrengungen, uns von Gott ferne zu halten, uns aus Gottes Nähe abzu-sondern (= zur Sünde zu bringen).
Zu den raffiniertesten Methoden Satans gehört es, Menschen Angst vor Gott einreden zu wollen.

»Gott verbietet nur.«
»Gott legt Dir strenge Fesseln an.«
»Bei Gott hast Du keine Freiheit.«

Das aber stimmt nicht. Gott gibt den Menschen Freiheit und Gottes Gebote sind uns nicht aus Laune oder Strafe, sondern zu unserem Schutz gegeben.

Ja, aber ...
Gott verlangt doch so viel von uns Menschen ...

Wir haben Angst vor den Konsequenzen, die Gott von uns fordert ...

Angst vor den Konsequenzen ...

Ich hatte auch lange Angst vor Gott. Ich bin auch der teuflischen Gleichung auf den Leim gegangen, die da heißt: »Je mehr du Gott liebst, desto mehr Leid mußt du auf dich nehmen.«
Also lief ich Gott davon, denn er könnte mir ja Leid antun.

Ich hatte Angst vor Krankheiten. Angst vor Krebs. Angst vor einem frühen Tod.

Meine ängstliche Folgerung: Je mehr ich Gott liebe, um so mehr Leid schickt er mir ...

Also habe ich mich lieber weniger um Gott gekümmert. Er könnte mir ja unbequeme Forderungen stellen. Ich müßte vielleicht auf Geld und Besitz verzichten, einige mir lästige Konsequenzen ziehen ...
Also habe ich mich mit meiner Liebe zu Gott nicht zu weit vorgewagt. Er könnte mich ja beim Wort nehmen.
Wenn ich ihm einen Finger hinstrecke, vielleicht nimmt er gleich die ganze Hand ...
Vielleicht will er mich gleich ganz haben ...

Das Ergebnis dieses »klugen, geschickten« Verhaltens: Ich blieb für meine Mitmenschen unausstehlich, weil alles nach meinem Kopf gehen mußte. (Ich wußte ja so vieles besser ...)
Mein Jähzorn wurde nicht besser. Meine Angst immer größer. (Wo sollte ich hin mit meinen Nöten und Sorgen? Zu Gott hatte ich ja kein Vertrauen.)
Meinen Mitarbeitern gab ich kein gutes Zeugnis ...
Meinen Kindern war ich ein schlechtes Vorbild ...

Bis eines Tages, als ich allein durch einen Klosterkreuzgang ging – ich war auf einer Gebetswoche, um Gott für das alte Jahr zu danken und für das neue Jahr zu bitten – Gott selbst zu mir sprach ...

Ganz ruhig, gelassen, ja unbeschreiblich zärtlich hörte ich seine Stimme.

Ein liebender Vater

»*Warum hast Du so viel Angst vor mir? Ich bin Dir doch ein unendlich liebender Vater.*«

Diese Worte habe ich seitdem nicht mehr vergessen. Sie haben mein Leben verändert:

»Ich bin Dir doch ein unendlich liebender Vater.«

Was wissen wir alles von Gott?
Gott segnet uns.
Gott will uns nahe sein.
Gott hat Vertrauen zu uns.
Gott hat Geduld mit uns.
Gott schenkt uns Freiheit.

Sind das nicht alles Zeichen einer einmaligen großen Liebe? Zeichen eines unendlich liebenden Vaters?

Wie aber handelt denn ein liebender Vater?

Manche Menschen haben mit ihrem leiblichen Vater – oder auch mit ihrer leiblichen Mutter – wenig gute Erfahrungen gemacht, so daß ihnen oft ein richtiges Vater- oder Mutterbild vorenthalten ist. Solchen Menschen rate ich immer, sie sollten nicht an ihre Eltern denken, sondern sich vorstellen, wie sie selbst zu eigenen Kindern sein möchten.

Wie möchten Sie als Vater, Sie als Mutter – oder Sie als Schwester im Kindergarten – , zu Ihren Kindern sein?

Wenn eines Ihrer Kinder Sie verlassen hat und nach langer Zeit wieder zurückkommt, würden Sie dann sagen: »Komm her, mein Sohn, darauf habe ich jahrelang gewartet. Jetzt werde ich dir den Hals umdrehen ...«

Oder: »Jetzt bekommst du erst einmal eine ordentliche Tracht Prügel und dann sehen wir weiter ...«
Würden Sie einem Ihrer Kinder gegenüber so handeln, wenn es zu Ihnen zurückkommt und sagt: »Verzeih mir, Vater, es tut mir leid. Verzeih mir Mutter.«?

Nie und nimmer!
Sie würden Ihr Kind in die Arme schließen, an Ihr Herz nehmen, und vielleicht kein Wort mehr sagen.
Vor Freude würden Ihnen die Tränen kommen: Gott sei Dank, mein Kind ist wieder da.
Mein Kind ist wieder zu mir gekommen ...
Nun ist alles wieder gut!
Und Sie würden nur noch voll Freude sein und voll liebevoller Sorge: Wie geht es meinem Kind? Wie kann ich ihm helfen? Nun soll es aber richtig spüren können, wie lieb ich es habe! Wie ich es umsorgen und beschützen, wie ich ihm helfen und wie ich es lieben will.

Mein Kind ist wieder da!

Unendlich zärtlich

Von Gott aber – von dem wir wissen, daß er nur aus Liebe besteht, daß er die Liebe selbst ist – , nehmen wir etwas anderes an? Von Gott glauben wir, daß er uns »die ganze Hand nehmen«, »unsere Freiheit beschränken«, ja »den Hals umdrehen« könnte, wenn wir uns an ihn wenden, wenn wir uns ihm mehr zuwenden als bisher?

Jesus mußte schon die damaligen Menschen auf diesen Widersinn hinweisen: »Wer von euch würde seinem Kind einen Stein geben, wenn es um Brot bittet? Oder eine Schlange, wenn es um einen Fisch bittet? Wenn nun schon ihr, die ihr böse seid, euren Kindern gebt, was gut ist, wieviel mehr wird euer Vater im Himmel denen Gutes geben, die ihn bitten« (Mt 7,9–11).

»Wenn nun schon ihr ... wieviel mehr euer Vater ...« Wir sind doch als Abbild Gottes, Gott ähnlich geschaffen (Gen 1,26)! Wer aber von uns würde seinem Kind nicht das Beste geben wollen, ihm nicht alles zur Verfügung stellen wollen, was nur in seiner Macht steht, wenn ein Kind sich an ihn wendet und ihn um seine Hilfe bittet?!

»Wieviel mehr wird euer Vater im Himmel denen Gutes tun«, die sich ihm zuwenden! (Nichts anderes heißt doch »bitten«: ich wende mich jemandem mit einer Bitte zu.)

Gott wartet nur auf uns, daß wir den ersten Schritt zu ihm hin tun:
Daß wir ihn um seine Hilfe bitten.
Daß wir ihn als den Herrn und Gott unseres Lebens suchen und anerkennen.

Wenn wir uns zu ihm aufmachen, unser Herz und unsere Sehnsucht ganz auf ihn ausrichten, dann wird er auch uns ein liebender Vater, ein zärtlich beschützender Gott sein.

Ich möchte Ihnen Mut machen, den Weg Ihres Lebens ganz bewußt *mit Gott* zu gehen. Gott führt jeden Menschen, der sich ihm anvertraut, auf eine unendlich zärtliche Weise.

Gott nimmt uns nichts weg, wie Satan uns immer einreden will. Das ist eine der schlimmsten Lügen und größten Erfolge des Verwirrers, daß er gerade sehr frommen Menschen immer wieder eine »Angst vor Gott« einjagt. »Je mehr du Gott liebst, um so mehr mußt du auf viele Dinge verzichten ...«

Jesus hat uns in seiner frohen Botschaft verheißen: »Jeder, der für mich und das Evangelium sein Haus, seine Geschwister, seine Eltern oder Kinder oder seinen Besitz zurückgelassen hat, der wird all das *in diesem Leben hundertfach* wiederbekommen ... Und in der kommenden Welt wird er das ewige Leben haben« (Mk 10,29f.).

Ich möchte das aus meinem Leben mit Gott in den letzten Jahren bestätigen. »Menschlich gesehen« habe ich manches aufgegeben, auf manche liebe Gewohnheit verzichtet. Aber ich habe das alles freiwillig getan, nie unter Zwang.
Und für alles, auf das ich verzichtet habe, hat Gott mich in einer Art und Weise neu beschenkt, daß ich keinen dieser Schritte bereue, sondern jeden ebenso wieder vollziehen würde, wenn ich noch einmal die Wahl hätte.

»Gott ist ein Vater, dessen Güte unerschöpflich ist und der uns nie verzweifeln läßt« (2 Kor 1,3).

Gott handelt immer nur aus Liebe zu uns Menschen und er will uns immer nur beschenken und unser Leben reicher und glücklicher machen.
Wie ein menschlicher Vater seine Kinder beschenken und ihr Leben erleichtern will. Nur noch viel, viel schöner.

Weil Gott dazu ja auch viel mehr Möglichkeiten hat.
Weil Gott uns noch viel mehr liebt, als ein menschlicher Vater, als eine menschliche Mutter uns lieben können.

Weil Gottes Liebe zu uns Menschen von einer unsagbar tiefen Zärtlichkeit ist.

Der Herr, dein Gott, ist in deinen Mauern, er ist mächtig und hilft dir. Er hat Freude an dir, er droht dir nicht mehr, denn er liebt dich; er jubelt laut, wenn er dich sieht. (Zeph 3,17)

Gott liebte uns schon, bevor er die Welt schuf. (Eph 1,4)

Der Herr selbst zieht vor dir her. Er ist mit dir. Er läßt dich nicht fallen und er verläßt dich nicht. Du sollst dich nicht fürchten und keine Angst haben. (Dtn 31,8)

Ich wohne in der Höhe, in unnahbarer Heiligkeit. Aber ich wohne auch bei den Gedemütigten und Verzagten, ich gebe ihnen Hoffnung und neuen Mut! (Jes 57,15)

Es ist dir gesagt worden, Mensch, was gut ist und was der Herr von dir erwartet:
Nichts anderes als dies: Recht tun, Güte und Treue lieben, in Ehrfurcht den Weg gehen mit deinem Gott. (Mich 6,8)

WAS WILL GOTT?

Was ist der Sinn unseres Lebens

Warum irren so viele Jugendliche ziellos durch die Welt, warum greifen so viele Menschen zu Alkohol und Drogen? Weil sie keinen Sinn für ihr Leben erkennen können. Weil sie keine Aufgabe sehen. Sie glauben, daß ihr Leben nutzlos sei ... Niedergeschlagenheit, Ziellosigkeit: das sind Früchte eines Lebens, das sich von Gott entfernt hat; das glaubt, ohne Gott auskommen zu können.

Wenn ich ein Auto fahre und mich nicht nach der Betriebsanleitung richte, wenn ich einen Lastenaufzug bediene und mich nicht um die Sicherheitsvorschriften des Herstellers kümmere, muß ich über kurz oder lang einen Defekt verursachen.

Jeder Botaniker weiß, wie er mit seinen Pflanzen umgehen muß. Jeder Flugkapitän hält sich peinlich genau an die Anweisungen der Bodenkontrolle.

Nur für unser eigenes Leben meinen wir, nicht nach dessen Schöpfer und seinen Vorstellungen von unserem Leben fragen zu müssen. Nur für unser eigenes äußerst hochempfindliches Leben – betrachten Sie beispielsweise einmal die komplizierten Stoffwechselvorgänge oder das reibungslose Funktionieren unseres Herz- und Kreislaufsystems! – glauben wir, uns nicht an eine »Gebrauchsanweisung« dessen halten zu müssen, der diesen einmaligen Organismus geschaffen hat!

Gott hat uns seine Gebote zu unserem Schutz und zu unserem – körperlichen und geistigen – *Heil gegeben.*

Gott ist kein Schutzmann, der an jeder Straßenecke aufpaßt, ob wir unser Auto an der Stop-Stelle auch zentimetergenau anhalten.
Es liegt an uns, ob wir uns nach seinen Geboten richten und dadurch unsere seelische wie körperliche Gesundheit erhalten

wollen oder ob wir für unser Leben lieber Schaden erleiden, weil wir uns in Selbstüberheblichkeit über die wenigen von Gott gegebenen Gebote hinwegsetzen.
(Wer so sehr an Gottes Handeln zweifelt oder seine Liebe zu uns Menschen nicht verstehen will, der sollte sich bewußt machen, *daß Gott mit zehn kurzen Sätzen auskommt*, uns sein Wollen bekanntzugeben. Zehn schlichte Gebote reichen bei Gott aus, wo unsere Regierungen *Tausende* von Gesetzen, Vorschriften und Erlaßen benötigen ... Zehn einfache, kurze Sätze. Welch ein Gott!)

Um was es hier geht: Den Sinn und das Ziel meines Lebens – und damit *Ruhe, Sicherheit und Glück – kann ich nur finden, wenn ich danach frage, was der Schöpfer meines Lebens von mir will.*

Wenn ich mir immer wieder einmal klar mache, welche Absicht der mit meinem Leben hat, der es erschaffen und gewollt, der es überhaupt ermöglicht und »ins Leben« gerufen hat.

Wie oft aber benehmen wir uns Gott gegenüber wie kleine, trotzige Kinder, die alles besser als ihre Eltern wissen. Was versteht denn zum Beispiel schon ein drei Jahre altes Kind von Feuerzeug und Messer ...
Wir als »erwachsene, tüchtige« Menschen sind Gott gegenüber aber doch viel unmündiger und viel unverständiger als ein Kleinkind gegenüber seiner Mutter!

Wie oft setzen wir uns über Gottes Willen hinweg, anstatt ihn zu fragen:

Was willst Du, der *Schöpfer meines Lebens, jetzt und hier in dieser Situation von mir?*

Was ist *Dein* Wille für mich?

Was ist der Sinn, den Du, Gott, für mein Leben bestimmt hast?

Den Willen Gottes suchen

Noch einmal muß ich hier wiederholen, was ich für die Erkenntnis des Willens Gottes so wesentlich halte: Ich kann Gott nur finden und seinen Willen für mein Leben nur erkennen, wenn ich mich ihm *wie ein Kind mit offenem, fragenden Herzen* nähere.
Gott offenbart sich nicht den Schlauen, Selbstgefälligen, schon alles Wissenden. Wenn ich »schon alles weiß«, wenn ich »so tüchtig bin«, dann kann mir ja keiner mehr eine neue Antwort geben. »Ich weiß ja schon alles.«

»Täuscht euch nicht«, sagt Jesus zu seinen Jüngern: »Wer sich der Liebe Gottes nicht wie ein Kind öffnet, wird sie nicht erfahren« (Lk 18,17).
In der Bergpredigt *verheißt* Jesus: »Freuen dürfen sich alle, die *mit leeren Händen* vor Gott stehen; denn sie werden sein Volk sein« (Mt 5,3).

Wenn wir bereit sind, *als Kind* des Schöpfers *mit leeren, offenen Händen* nach dem Willen des Vaters zu fragen, wenn wir bereit sind, *wie ein Kind* den Willen des Vaters erfüllen zu wollen, dann erschließt sich uns Gott in nicht geahnter Herrlichkeit. Dann läßt er uns seinen Willen erkennen und schenkt uns seine ganze Liebe. Dann tritt Gott *in einer unaussprechlichen Zärtlichkeit* in unser Leben, nimmt es unter seinen Schutz und schenkt uns *Geborgenheit und Frieden*, wie wir beides noch nie in unserem Leben erfahren haben.

»Gott wird ihre Sehnsucht stillen«, Gott wird alle unsere Sehnsucht stillen, *das hat uns Jesus verheißen*! Auch Sie können auf die Worte Jesu, des Sohnes Gottes, so fest bauen wie auf die Worte Gottes selbst, der treu zu seinen Verheißungen steht wie zu seinen Naturgesetzen:

»Freuen dürfen sich alle, die brennend darauf warten, daß Gottes Wille geschieht; denn Gott wird ihre Sehnsucht stillen« (Mt 5,6).

Seit ich an diesem Buch über Gott, den liebenden Vater, arbeite, wird mir immer deutlicher, *daß all unser menschliches Wohlergehen, unsere Zufriedenheit und unser Glück allein davon abhängen, inwieweit wir bereit sind, Gottes Willen zu suchen und nach Gottes Willen zu leben.*
Fast alle unsere seelischen und *viele unserer körperlichen* Krankheiten haben ihren Ausgangspunkt in einem Ungehorsam gegenüber Gott, in einem »Besser-wissen-wollen« des Menschen!

Gott hat uns seinen Willen deutlich in der Bibel zu erkennen gegeben, damit wir ein geordnetes – und damit glückliches, erfülltes, zufriedenes – Leben führen können.

Unordnung in unserem Leben, Krankheiten, Zwietracht und vieles andere aber fangen da an, wo wir nicht Gottes Willen suchen, sondern unserem eigenen, egoistischen Willen nachfolgen.

Gott ist unser Schöpfer

Das können wir uns nicht oft genug klar machen: Gott ist unser Schöpfer und niemand anderer! Gott ist der Schöpfer der Erde und nicht wir so »tüchtigen« Menschen! Gott ist der Schöpfer des ganzen Universums!
Auch mein Leben geht letzten Endes ausschließlich und allein zurück auf ihn, den allmächtigen, den unbegreiflich großen Gott.

Rufen wir uns noch einmal ins Gedächtnis zurück, was wir über Gott wissen: Trilliarden von Sternen hat er erschaffen und hält er seit Millionen von Jahren in ihren Bahnen. Mindestens 15 Milliarden Jahre alt ist unser Weltall.
Wenn der Vergleich zulässig wäre – er stimmt nicht, weil Gott *ohne jeden Anfang* ist – , dann würde das heißen, daß allein bei diesem Bild Gott *150 millionenmal größer* ist als wir armseligen Menschen.
150 millionenmal größer ...

Aber trotzdem kümmern wir uns oft so wenig um Gott!
Wir fragen nicht nach Gott.
Wie vertrauen uns Gott nicht an.
Wir machen nicht Ernst mit unserem Glauben und unserem Verhalten gegenüber Gott, der in allem so vielmillionenmal größer ist als wir.

Wie ist das denn bei uns Menschen? Wenn Sie persönlich zum Beispiel Chef eines großen landwirtschaftlichen Unternehmens wären. Sie würden sich viele Gedanken machen um einen guten Anbau Ihrer Felder. Seit Jahrzehnten schon haben Sie reichhaltige Erfahrungen gesammelt ...
Aber dann kommt da eines Tages ein junger Hilfsarbeiter aus einer fernen Stadt, der noch nie auf dem Land gearbeitet hat. Er will sich nicht an die von Ihnen gegebenen Richtlinien halten. Ja, noch schöner, er weiß sogar alles viel, viel besser als Sie. Obwohl sie schon seit 40 Jahren Ihre Felder mit großem Erfolg bewirtschaften und der junge Mann zuerst einmal zu lernen anfangen muß ...
Das ist sicher ein sehr schwacher Vergleich. Weil der Unterschied zwischen Gott und uns Menschen millionenmal größer ist, als der Unterschied zwischen dem Wissen und der Erfahrung eines 40 Jahre in der Arbeit stehenden Menschen und dem eines jungen Anfängers.
Aber führen wir Menschen uns oft nicht so auf, wenn es um Gott geht?

Weil Gott unsere Überheblichkeit kennt und weil er weiß, wie schnell wir uns selbst gerne zum Herrn der Welt machen, hat er uns ein Gebot gegeben, das die Beziehungen zwischen Gott und den Menschen regeln soll.
Gott verlangt nicht mehr und nicht weniger von uns, als daß wir die Relationen, die Größenordnungen, in unserem Leben richtig sehen sollen. Nichts anderes heißt nämlich sein Gebot, das Gott an die Spitze seiner wenigen Gesetze für die Menschen gestellt hat:

»Ich bin Jahwe, dein Gott, der dich aus Ägypten herausgeführt hat, aus dem Sklavenhaus. *Du sollst neben mir keine anderen Götter haben*« (Ex 20,2f).

Du sollst neben mir keine anderen Götter haben

Das ist der Wille Gottes für uns Menschen: *Daß wir allein ihn anbeten*. Daß wir allein ihm die Ehre geben. Daß wir neben ihm »keine anderen Götter« haben!

Jesus hat die Wichtigkeit dieses Gebotes bestätigt. Als ein Gesetzeslehrer ihn fragte, »welches ist das wichtigste von allen Geboten des Gesetzes?«, da antwortete ihm Jesus: »Das wichtigste Gebot ist dieses: ›Höre Israel: es gibt keinen anderen Herrn als Gott, unseren Herrn. *Du sollst ihn lieben von ganzem Herzen, von ganzer Seele, mit deinem ganzen Verstand und mit allen deinen Kräften!*‹« (Mk 12,29f).

Weil dieses Gebot für Gott so wichtig ist – zu unserem Schutz und Heil – , hat der große Verwirrer es verharmlost und bagatellisiert:
»Das tust Du doch. Du betest doch keine Götzenbilder an ...«

Dabei läßt er uns vergessen, daß die Götzenbilder des Altertums heute längst profanisiert und getarnt sind. Natürlich haben wir Menschen des 20. Jahrhunderts auch unsere fremden Götter. Wir müssen unser Leben nur einmal genauer prüfen. Was steht denn bei uns *an erster Stelle* im Leben, was lieben wir denn *»von ganzem Herzen«*?

Gott?

Oder sind es nicht doch oft fremde Götter, wie zum Beispiel:
- das Geld
- das Auto
- das Fernsehen
- die Sexualität
- ein Hobby
- ein anderer Mensch

Noch weitere »fremde Götter« gibt es, die uns von Gott ablenken: unsere Bequemlichkeit, unsere Faulheit, unsere Trägheit ...
Wie oft versagen wir gerade hier, wenn es um die Entscheidung zwischen unserer Bequemlichkeit und unserem Dienst für Gott geht!

»Du sollst dich nicht vor ihnen niederwerfen und dich nicht verpflichten, ihnen zu dienen. Denn ich, der Herr, dein Gott, bin ein eifersüchtiger Gott« (Ex 20,5).

Gott weiß, warum er uns dieses Gebot als erstes und wichtigstes gegeben hat: Weil er uns kennt. Weil er allein als unser Schöpfer weiß, was uns gut tut und was uns schadet. Was uns unheil macht. Was Angst, Unruhe und Verwirrung in uns hervorruft.

Gott hat unser Leben auf sich ausgerichtet, *weil er uns ein festes Ziel für unser Leben geben will.*
Weil er uns die Mitte sein will, an der wir unser Leben ausrichten und festhalten können.

Aus Liebe gegeben

Bei aller Freiheit, die Gott den Menschen gegeben hat, *gehört es zu seinem Schöpfungswerk und zu dessen Wesensgesetzen, daß wir Menschen uns an seine Weisungen halten.*
Jeder Autofahrer, der das Gaspedal mit dem Bremspedal verwechselt, baut einen Unfall. Nur bei den wenigen, dafür aber um

so wichtigeren von Gott uns eingegebenen Grundordnungen will es uns nicht eingehen, daß wir bei einer Nichtbeachtung ebenso Schaden leiden? Schaden leiden nicht nur an unserer Seele, sondern auch an unserem Körper. Denn *Leib und Seele sind von Gott als Einheit geschaffen*.

(Wenn ich zum Beispiel jeden neuen Tag in Unordnung und ohne Gebet beginne und stattdessen täglich abgehetzt meine Arbeit anfange, wird sehr bald auch mein Körper von dieser Unruhe erfaßt und gestört werden. Genau so bringen häufige Lügen mein Nervensystem in Unordnung!)

Gerade bei den Geboten Gottes müssen wir uns wieder neu erinnern, daß Gott *immer nur aus Liebe* handelt. Auch seine Gebote hat Gott uns *nur aus Liebe* gegeben, als *Hilfe* und *Wegweisung* für unser Leben, ohne die wir Schiffbruch erleiden würden. Gott geht es nicht darum, uns Menschen durch seine Gebote zu gängeln oder etwas zu verbieten. Gott hat uns ja die volle Freiheit der Entscheidung und des Handelns eingeräumt!

Gott geht es nur um unser Heil und unsere Liebe! *»Wenn mich aber jemand liebt und meine Gebote befolgt, dann werde ich ihm und seinen Nachkommen Liebe und Treue erweisen über Tausende von Generationen hin«* (Ex 20,6). Welch eine große Verheißung!

Mit seinen Geboten will uns Gott zur vollen Verwirklichung unseres Lebens, zum tiefsten Erfassen unseres eigentlichen Wesens führen: daß wir zur Liebe geschaffen sind und daß es um nichts anderes in unserem Leben geht, als um die Liebe zu Gott, die Liebe zu uns selbst und die Liebe zu den Mitmenschen!

Jesus hat dies uns ganz deutlich bestätigt, als er auf die Frage, »welches ist das wichtigste Gebot« antwortete:
»Liebe den Herrn, deinen Gott, von ganzem Herzen, mit ganzem Willen und mit deinem ganzen Verstand! Dies ist das größte und wichtigste Gebot. Das zweite ist gleich wichtig: Liebe deinen

Mitmenschen wie dich selbst! In diesen beiden Geboten ist alles zusammengefaßt, was das Gesetz und die Propheten fordern« (Mt 22,37–40).

Warum sind denn heute so viele Menschen voller Angst und Unruhe? Weil sie keinen Bezugspunkt mehr haben, an dem sie ihr Leben ausrichten! Weil sie keinen Haltepunkt mehr besitzen, der ihnen Sicherheit und Standfestigkeit gibt.

Gott verspricht uns seine Hilfe und sein Heil, wenn wir ihm, unserem Schöpfer, in Liebe gehorsam sind:

»Wenn ihr euch nach meinen Anweisungen richtet und meine Gebote befolgt, werde ich euch mit Segen überschütten« (Lev 26,3).

»Gehorcht meinen Geboten und richtet euch nach meinen Weisungen, dann werdet ihr ruhig und sicher in eurem Land leben können, und das Land wird so viel hervorbringen, daß ihr genug zu essen habt« (Lev 25,18f).

Gottes Gebote gehen nicht über unsere Kraft

Immer wieder staune ich beim Lesen der Bibel darüber, *wie deutlich Gott seinen Willen und sein Handeln* uns Menschen verheißen hat. Wie er uns immer wieder beschworen hat, daß wir uns nach ihm und seinem göttlichen Willen richten sollen, der doch *nur von der Liebe zu uns Menschen bestimmt ist.*

Gott macht uns keine Vorschriften um der Vorschriften willen. Gott hat uns zehn einfache Gebote gegeben, die wir alle halten können, wenn wir Ernst mit unserer Beziehung zu Gott machen:
»Dieses Gebot, auf das ich dich heute verpflichte, geht nicht über deine Kraft und ist nicht fern von dir. Es ist nicht im Himmel, so daß du sagen müßtest: Wer steigt für uns in den Himmel hinauf,

holt es herunter und verkündet es uns, damit wir es halten können? Es ist auch nicht jenseits des Meeres, so daß du sagen müßtest: Wer fährt für uns über das Meer, holt es herüber und verkündet es uns, damit wir es halten können? Nein, das Wort ist ganz nah bei dir, es ist in deinem Mund und in deinem Herzen, du kannst es halten« (Dtn 30,11–14).

Dieses Gebot geht nicht über Deine Kraft! Meine Gebote habe ich Dir nur zu dem Zweck gegeben, daß es Dir gut geht. Daß Du Leben hast, ja, daß Du langes Leben hast:

»Hiermit lege ich dir heute das Leben und das Glück, den Tod und das Unglück vor. Wenn du auf die Gebote des Herrn, deines Gottes, auf die ich dich heute verpflichte, hörst, indem du den Herrn, deinen Gott, liebst, auf seinen Wegen gehst und auf seine Gebote, Gesetze und Rechtsvorschriften achtest, dann wirst du leben und zahlreich werden, und der Herr, dein Gott, wird dich in dem Land, in das du hineinziehst, um es in Besitz zu nehmen, segnen.
Wenn du aber dein Herz abwendest und nicht hörst, wenn du dich verführen läßt, dich vor anderen Göttern niederwirfst und ihnen dienst – heute erkläre ich euch: Dann werdet ihr ausgetilgt werden; ihr werdet nicht lange in dem Land leben, in das du jetzt über den Jordan hinüberziehst, um hineinzuziehen und es in Besitz zu nehmen. Den Himmel und die Erde rufe ich heute als Zeugen gegen euch an. Leben und Tod lege ich dir vor, Segen und Fluch. Wähle also das Leben, damit du lebst, du und deine Nachkommen. Liebe den Herrn, deinen Gott, hör auf seine Stimme, und halte dich an ihm fest; *denn er ist dein Leben. Er ist die Länge deines Lebens*« (Dtn 30,15–20).

Sie können es überall und immer in Ihrem Leben erfahren: *Je mehr Sie Gott als den wirklichen Herrn Ihres Lebens annehmen*, je mehr Sie ihn und seine Weisungen an die erste Stelle Ihres Lebens setzen, je mehr Sie sich nach Gott anstatt nach Ihren eigenen egoistischen Wünschen richten, *um so mehr erfahren Sie Ruhe,*

Gelassenheit und Sicherheit für Ihr Leben! Um so mehr wird Ihr Leben frei von Unruhe, Anspannung und Hektik!

Dies wirkt sich nicht nur auf Ihre Seele und Ihren Geist aus. Auch Ihr Körper kann von der Liebe Gottes ergriffen und vor Krankheiten bewahrt werden:

»Wenn Du auf die Stimme des Herrn, deines Gottes, hörst, und tust, was in seinen Augen gut ist, wenn du seinen Geboten gehorchst und auf alle seine Gesetze achtest, werde ich dir keine der Krankheiten schicken, die ich den Ägyptern geschickt habe. Denn ich bin der Herr, dein Arzt« (Ex 15,26).

»Ich bin der Herr, dein Arzt.«

Das heißt doch: Gottes Gebote sind keine Pflicht, keine Last, keine Barrieren und Stolpersteine. Gottes Gebote sind Leitpfähle an den kurvenreichen Straßen meines Lebens. Gottes Weisungen sind Leuchtfeuer in den Dunkelheiten meines Suchens. Gottes Gebote sind Anweisungen des besten Arztes, den ich mir wünschen kann.

Wie gläubig hängen heute viele unserer Mitmenschen an den Gesundheits-Empfehlungen der Illustrierten und Frauenmagazine. In der Bild-Zeitung braucht ein Heilpraktiker nur ein Wort verlauten zu lassen, daß der Saft X gut für die Haut und Vitamin Y vorbeugend gegen Krebs sei: am nächsten Tag sind der Saft X und das Vitamin Y in ganz Deutschland ausverkauft!

Wenn es um unsere Gesundheit geht, laufen wir falschen Predigern heute noch genau so nach wie vor vielen hundert Jahren. Aber wenn Gott uns führen und helfen, leiten und heilen will, dann hören wir nicht auf ihn. Dann sind wir träge und bequem. Dann wissen wir so vieles besser ...

Ein eifersüchtiger Gott

Lassen Sie uns noch einmal hören, was Gott an einer anderen Stelle durch Mose verheißen hat:
»Wenn ihr auf meine Gebote hört, auf die ich euch heute verpflichte, wenn ihr also den Herrn, euren Gott, liebt und ihm mit ganzem Herzen und mit ganzer Seele dient, *dann gebe ich eurem Land seinen Segen zur rechten Zeit*, den Regen im Herbst und den Regen im Frühjahr, und du kannst Korn, Most und Öl ernten; dann gebe ich deinem Vieh sein Gras auf dem Feld, und du kannst essen und satt werden. *Aber nehmt euch in acht!* Laßt euer Herz nicht verführen, weicht nicht vom Weg ab, *dient nicht anderen Göttern*, und werft euch nicht vor ihnen nieder! *Sonst wird der Zorn des Herrn gegen euch entbrennen*« (Dtn 11,13–17).

Der Zorn des Herrn wird gegen euch entbrennen ...

Der liebende Gott – Gott, der nur aus Liebe besteht – auch ein eifersüchtiger Gott?

»Menschlich« gesehen können wir uns einen liebenden Gott, der gleichzeitig zürnen und eifersüchtig sein soll, nur schwer vorstellen.
»Menschlich« haben wir andere Vorstellungen von Liebe: Unter »Liebe« verstehen Menschen zumeist Zärtlichkeiten, Umarmungen, Verwöhnen, »auf Händen tragen« und ähnliches.

Zu der unbegreiflich großen Spannweite Gottes aber gehört es, daß Gott in seiner Liebe – und gerade aus echter, unverfälschter Liebe heraus – auch deutlich seinen Willen uns Menschen kund tut: Wir sollen einmal nicht sagen können, daß wir Gottes Willen nicht gekannt hätten.
In der Bibel können wir nachlesen, wie oft und wie deutlich Gott sein Wollen durch Mose verkündet hat:
»Was fordert der Herr, dein Gott, von dir außer dem einen: daß du den Herrn, deinen Gott, fürchtest, indem du auf allen seinen

Wegen gehst, ihn liebst, und dem Herrn, deinem Gott, mit ganzem Herzen und mit ganzer Seele dienst; *daß du ihn fürchtest, indem du auf die Gebote des Herrn und seine Gesetze achtest*, auf die ich dich heute verpflichte. *Dann wird es dir gut gehen*. Sieh, dem Herrn, deinem Gott, gehören der Himmel, der Himmel über den Himmeln, die Erde und alles, was auf ihr lebt« (Dtn 10,12ff).

Mit großem Nachdruck weist Gott auf seinen Anspruch hin. Er läßt sich nicht in die Ecke stellen und nur bei Bedarf herausholen:
»Ich bin der Erste, ich bin der Letzte, außer mir gibt es keinen Gott« (Jes 44,6).
»Den Herrn, deinen Gott, sollst du fürchten; ihm sollst du dienen, bei seinem Namen sollst du schwören. *Ihr sollt nicht anderen Göttern nachfolgen*, keinem Gott eines Volkes, das in eurer Nachbarschaft wohnt. *Denn der Herr, dein Gott, ist als eifersüchtiger Gott in deiner Mitte*. Der Zorn des Herrn, deines Gottes, könnte gegen dich entbrennen, er könnte dich im ganzen Land vernichten. *Ihr sollt den Herrn, euren Gott, nicht auf die Probe stellen«* (Dtn 6,13–16).

»Du sollst neben mir keine anderen Götter haben ... Denn ich, der Herr, bin ein eifersüchtiger Gott« (Dtn 5,7.9).

In Wahrheit und Wirklichkeit: Hat Gott nicht das Recht zu solchen Forderungen? Der gewaltige Herrscher des Alls, der Schöpfer von Milliarden Jahren, der Bauherr des Kosmos: Wie vermessen benehmen wir winzigen Menschlein uns oft vor diesem großen Gott!
Kaum sind wir von einer Krankheit genesen, haben wir uns von einem Schicksalsschlag erholt, da wissen wir oft schon wieder nichts mehr von Gott; von Gott, zu dem wir in unseren Ängsten und Nöten so viel gebetet haben!
Gott muß es uns deutlich sagen, wer der Herr ist. Unsere Menschennatur ist so leicht vergeßlich und so schnell überheblich:
»Ich bin Gott, und sonst niemand, ich bin Gott, und niemand ist wie ich« (Jes 46,9).

Ein strafender Gott

»Ich bin Gott, und sonst niemand.« Diesen Anspruch setzt Gott auch durch!
Gott kann zwar lange zuschauen: »Jahwe ist ein barmherziger und gnädiger Gott, langmütig, reich an Huld und Treue« (Ex 34,6).

Aber wo wir Menschen nicht mehr auf Gott hören, wo wir glauben, uns über seine wenigen Gebote hinwegsetzen zu können, da greift Gott mit seinen Strafen ein:
»Wenn du nicht auf die Stimme des Herrn, deines Gottes, hörst, indem du nicht auf alle seine Gebote und Gesetze, auf die ich dich heute verpflichte, achtest und sie nicht hältst, werden alle diese Verfluchungen über dich kommen und dich erreichen: Verflucht ist dein Korb und dein Backtrog. Verflucht ist die Frucht deines Leibes und die Frucht deines Ackers, die Kälber, Lämmer und Zicklein. Verflucht bist du, wenn du heimkehrst, verflucht bist du, wenn du ausziehst. Verfluchtsein, Verwirrtsein, Verwünschtsein läßt der Herr auf dich los, auf alles, was deine Hände schaffen und was du tust« (Dtn 28,15–20; siehe auch Dtn 11,26–32; Ps 7,12).

Wenn wir Gott nicht freiwillig dienen wollen, geraten wir in Knechtschaft und Abhängigkeit von Leidenschaften und Begierden:
»Weil du dem Herrn, deinem Gott, nicht gedient hast aus Freude und Dankbarkeit dafür, daß alles in Fülle da war, mußt du deinen Feinden dienen, die der Herr gegen dich ausgesandt hat« (Dtn 28,47f).
Aus langer, schwerer Knechtschaft in Ägypten hat Gott das Volk Israel befreit, auf seinem Weg durch die Wüste begleitet, mit Manna, mit Wachteln und mit Wasser versorgt. Und doch hatten die Israeliten ihm nicht vertraut.
Immer wieder murren sie auf und wollen lieber in die Knechtschaft Ägyptens (wie wir in die Abhängigkeit unserer Leidenschaften) zurück, als dem Herrn zu gehorchen und ihm zu vertrauen.

Da wird es auch Gott zu viel und er spricht zu Mose und Aaron: »*Wie lange soll ich es noch hinnehmen, daß dieses eigenmächtige Volk sich gegen mich auflehnt?* Ich habe wohl gehört, was sie gegen mich vorbringen. Richte ihnen meine Antwort aus! Sage zu ihnen: ›Ich, der Herr, schwöre euch: Was ihr da verlangt habt, lasse ich in Erfüllung gehen – so gewiß ich lebe! In dieser Wüste sollt ihr sterben, alle wehrfähigen Männer von 20 Jahren aufwärts. Das ist die Strafe dafür, daß ihr euch gegen mich aufgelehnt habt‹« (Num 14,26–29).

»Als Mose den Israeliten die Entscheidung des Herrn verkündete, begann das Volk zu weinen und zu klagen« (Num 14,39). Aber jegliche Reue kam zu spät:
»Auch eure Söhne werden wegen eurer Untreue zu leiden haben: Noch vierzig Jahre lang müssen sie mit ihrem Vieh in der Wüste umherziehen, bis von eurer Generation keiner mehr am Leben ist« (Num 14,33).

Ja, selbst Enkel und Urenkel bestraft Gott, wenn wir uns gegen ihn auflehnen:
»Denn ich, der Herr, dein Gott, verlange von dir ungeteilte Liebe. Wenn sich jemand von mir abwendet, dann bestrafe ich dafür auch seine Kinder, sogar seine Enkel und Urenkel« (Ex 20,5).

Welch ein engagierter Gott!

Ein Gott, der sich mit all seiner Liebe – und wenn wir darauf nicht mehr reagieren – mit allen seinen Strafen uns zuwendet:

»Ich bin der Herr! Herr ist mein Name. Ich bin ein Gott voll Liebe und Erbarmen. Ich habe Geduld, meine Güte und Treue sind grenzenlos. Ich erweise Güte über Tausende von Generationen hin, ich vergebe Schuld und Verfehlung; aber ich lasse nicht alles ungestraft hingehen. Wenn sich jemand gegen mich wendet, dann bestrafe ich auch seine Kinder und sogar seine Enkel und Urenkel« (Ex 34,6f; siehe auch Lev 26,14–38!).

Gott will uns helfen

Neben der großen Barmherzigkeit und Güte, neben der Langmut und Verzeihung spielen Eifersucht und Strenge immer wieder eine wichtige Rolle im Handeln Gottes.
Seine »Strenge in der Liebe«, seine »Eifersucht in der Sorge«: *Weil Gott sich um uns Menschen sorgt.* Weil er uns helfen will. Weil er uns ein Leben lang begleiten will: *Damit es uns gut gehe und wir lange leben auf Erden!*

Das ist Gottes Wille: »Ihr sollt nur auf dem Weg gehen, den der Herr, euer Gott, euch vorgeschrieben hat, damit ihr Leben habt und es euch gut geht und ihr lange lebt ...« (Dtn 5,33).

»*Du kennst nur den Aufstieg, du kennst keinen Abstieg*, wenn du auf die Gebote des Herrn, deines Gottes, auf die ich dich heute verpflichte, hörst, auf sie achtest und sie hältst. Von allen Worten, die ich heute vorschreibe, sollst du weder rechts noch links abweichen. Du sollst nicht anderen Göttern nachfolgen und ihnen dienen« (Dtn 28,13f).

Gott weiß, warum er so eifersüchtig – und auch mit Strafen – darüber wacht, daß er bei uns immer an der ersten Stelle steht. Daß wir keine »fremden Götter« neben ihm haben: *Weil wir seine Liebe und seinen Segen nur erfahren können, wenn wir uns nicht von ihm abwenden!*

Welcher Vater könnte denn seinen Kindern noch helfen, wenn diese nicht mehr auf ihn hören? Wenn diese nichts mehr von ihm wissen wollen? Wenn diese ihm den Rücken kehren?

»Wenn du auf die Stimme des Herrn, deines Gottes, hörst, indem du auf alle seine Gebote, auf die ich dich heute verpflichte, achtest und sie hältst, wird dich der Herr, dein Gott, über alle Völker der Erde erheben. *Alle diese Segnungen werden über dich kommen und dich erreichen, wenn du auf die Stimme des Herrn, deines*

Gottes, hörst: Gesegnet bist du in der Stadt, gesegnet bist du auf dem Land. Gesegnet ist die Frucht deines Leibes, die Frucht deines Ackers und die Frucht deines Viehs, die Kälber, Lämmer und Zicklein. Gesegnet ist dein Korb und dein Backtrog. Gesegnet bist du, wenn du heimkehrst, gesegnet bist du, wenn du ausziehst« (Dtn 28,1–6).

Deutlicher kann es uns Gott doch nicht sagen, wie sehr er uns helfen will. Wie sehr er uns nahe sein will.

Gott will uns nicht verlassen: »Der Herr, dein Gott, zieht mit dir. Er läßt dich nicht fallen und verläßt dich nicht« (Dtn 31,6).

Das ist Gottes Verheißung: Ich lasse Dich nicht fallen. Ich bin bei Dir, wenn Du in Not bist. Wenn Du Dich einsam fühlst. Wenn Du krank bist.

Gott läßt uns nicht im Stich! Die Verheißung Gottes an Jakob gilt auch uns Menschen in heutiger Zeit, wenn wir wie Jakob Gott gehorsam sind:

»Ich werde dir beistehen. Ich bewahre dich, wo du auch hingehst ... Ich lasse dich nicht im Stich. Alles, was ich versprochen habe, werde ich tun« (Gen 28,15).

Gott will keine Leistungen

Satan, der große Verwirrer, ist schon sehr mächtig und raffiniert in unserem Leben am Werk. Einerseits macht er uns vor, daß wir die Gebote Gottes einhalten würden: »Du betest doch keine fremden Götter an.« Er verheimlicht uns dabei, daß unsere Leidenschaften und viele ungeordnete Wünsche, denen wir größere Beachtung als Gott schenken, sehr wohl »fremde Götter« in unserem Leben sind.
Andererseits will er in uns Angst vor Gott erzeugen, indem er uns

glauben machen will, daß Gott große Anstrengungen und nicht zu erfüllende Leistungen von uns verlangen würde. Von einer falschen Frömmigkeit beseelte Menschen glauben denn auch, daß sie immer noch mehr beten, noch mehr opfern, noch mehr sich anstrengen müßten, um vor Gott bestehen zu können.
Das aber – ein Gott, der große religiöse Leistungen fordert – ist wieder eines der falschen Gottesbilder. Das stimmt einfach nicht!

Gott erwartet von uns Menschen keine großen Leistungen.
Gott erwartet von uns nur, daß wir uns ihm in Liebe zuwenden und daß wir ihm – und nur ihm und seinem Sohn Jesus Christus – unser ganzes Leben anvertrauen.

Diese Erkenntnis – *daß Gott nur unser Vertrauen, aber keine Leistungen will* – ist für unser Leben eine der wichtigsten Aussagen über Gott, weil sie uns in unserer Beziehung zu Gott entkrampft. Weil sie unser Leben leichter und froher macht:
»Wir wissen«, schreibt Paulus an die Galater, »daß niemand dadurch Gottes Anerkennung findet, daß er tut, was das Gesetz vorschreibt. *Vor Gott kann nur bestehen, wer auf Jesus Christus vertraut.* Auch wir sind deshalb Christen geworden und wollen durch das Vertrauen auf Jesus Christus Gottes Anerkennung finden und nicht dadurch, daß wir tun, was das Gesetz verlangt. Denn damit kann kein Mensch vor Gott bestehen« (Gal 2,16).

Denn damit kann kein Mensch vor Gott bestehen ...

Wie wollten wir winzigen Staubkörner auch einem so gewaltigen Gott mit Leistungen imponieren können? Als ob wir diesen unbegreiflich großen Gott mit menschlicher Leistungs-Akrobatik beeindrucken könnten. Ein Staubkorn, das vor diesem unbegreiflich großen Gott Purzelbäume schlägt?

»Menschen aus anderen Völkern sind von Gott angenommen worden, obwohl sie sich nicht darum bemüht hatten.« (Obwohl sie keine Leistungen dafür erbracht hatten!) »Gott hat sie angenommen, weil sie sich auf Jesus Christus verließen. Das Volk Israel aber, das sich mit der Befolgung des Gesetzes abmühte, um vor Gottes Urteil zu bestehen, hat dieses Ziel nicht erreicht. Warum nicht? Weil sie Gott nicht durch ihr Vertrauen, sondern durch ihre Leistungen gefallen wollten« (Röm 9,30–32).

Gott schaut nicht auf unsere Leistungen. Gott können wir nicht mit menschlichem Abstrampeln und Abzappeln beeindrucken. *Gott will nur, daß wir ihn als den Herrn unseres Lebens anerkennen. Daß wir ihm, dem Herrn, unser Leben anvertrauen.*

Gott will unser Vertrauen

Gottes Anerkennung können wir nur durch unser Vertrauen, nicht aber durch eigene Anstrengungen erreichen. Warum diese zunächst verblüffende Erkenntnis für unser Leben so wichtig ist, können wir wieder an dem Beispiel der Beziehungen zwischen Kindern und ihrem Vater sehen.

Wenn Sie sich in die Rolle eines Vaters oder einer Mutter hineindenken, über was freuen Sie sich mehr: Über viele Geschenke ihrer Kinder zu Weihnachten und zum Geburtstag (= Leistungen)? Oder darüber, daß Ihre Kinder auch während des Jahres zu Ihnen kommen und Sie um Ihre Hilfe, um Ihren Rat bitten (= Vertrauen)?
Eltern trifft es immer besonders, wenn Kinder nicht mehr zu ihnen gehen, wenn Kinder kein Vertrauen mehr zu ihnen haben, obwohl die Eltern ihnen doch so gerne helfen würden! Mit ihrem Rat. Mit ihrer Erfahrung. Mit ihren wirtschaftlichen Möglichkeiten.

Wie aber reagieren Sie, wenn eines Ihrer Kinder zu Ihnen kommt und voller Vertrauen sich an Sie wendet:
»Du Papa, ich komme da nicht zurecht. Ich kenne mich da nicht aus. Aber du, du bist doch erfahren darin. Du kannst mir doch helfen ...«

Geht Ihnen da nicht Ihr Herz – und auch Ihr Geldbeutel – auf? Mein Kind kommt zu mir! Mein Kind hat Vertrauen zu mir! Mein Kind will, daß ich ihm helfen soll ...

Welcher Vater, welche Mutter würde ein solches Kind abweisen. Sie müßten von allen guten Geistern verlassen sein ...

Und so, wie Eltern sich ihren Kindern gegenüber auftun, wenn diese sie um ihre Hilfe bitten, wenn diese zu ihnen kommen und um ihren Rat fragen, noch mehr geht Gottes Herz und »Gottes Geldbeutel« auf! Gott wartet doch nur darauf, daß wir seine Hilfe in Anspruch nehmen und daß er uns *mit seiner Gnade und seinem Segen* überschütten kann:
»Wieviel mehr wird euer Vater im Himmel denen Gutes geben, die ihn darum bitten« (Mt 7,11)!

»Die ihn darum bitten.« Das heißt: *Die Vertrauen zu ihm haben, daß er ihnen helfen will.*

Darum aber geht es in unserer Gottesbeziehung an allererster Stelle:
Habe ich Vertrauen zu Gott?
Glaube ich an Gottes Allmacht und Größe?
Glaube ich an seine helfen könnende, verändern könnende Macht?

Glaube ich an Gott?

Das ist die entscheidende Frage meines Lebens!

Sie meinen, für Sie wäre das kein Problem, keine Schwierigkeit? Sie »glauben« doch daran, daß es Gott gibt ...

Darum aber geht es nicht. Gott will von uns nicht irgendeinen Glauben, daß es irgendwo irgendeinen Gott gibt. Gott fragt uns,

ob wir an ihn persönlich, den realen, allmächtigen, unendlichen, auch heute noch wirkenden Gott glauben!
Ob wir daran glauben, daß er wirklich ein liebender Vater ist.
Ob wir daran glauben, daß er wirklich für uns sorgt.
Ob wir daran glauben, daß er wirklich unser Leben trägt und führt.

»Wer mir vertraut, kann vor mir bestehen und wird leben. Wer aber den Mut verliert, mit dem will ich nichts zu tun haben« (Hebr 10,38)!

Hier möchte ich eine Einschaltung machen und zum besseren Verständnis der Heiligen Schrift das griechische Wort »pistis« erklären, das in der griechischen Urfassung des Neuen Testaments stets dort verwendet wird, wo es bisher mit dem deutschen Wort »Glaube« übersetzt wurde. »Pistis« heißt aber nicht nur »Glaube«. Das griechische Wort »pistis« bedeutet ebenso »Vertrauen«. Entsprechend bedeutet das Tätigkeitswort »pisteuo« nicht nur »ich glaube«, sondern auch »ich vertraue« oder »ich traue«.

Für mich persönlich war es ein entscheidender Durchbruch für meinen Glauben und für mein Verständnis der Heiligen Schrift, als ich eines Tages »Die Gute Nachricht« in die Hand bekam. (»Die Gute Nachricht« ist eine von den katholischen und evangelischen Bibelwerken gemeinsam herausgegebene Bibelübersetzung »in heutigem Deutsch«.) Dort wird das griechische pistis sehr oft mit Vertrauen statt mit Glaube übersetzt.

Sie sollten einmal die zitierten Stellen über das Vertrauen (Gal 2,16; Röm 9,30–32; Hebr 10,32) oder das ganze 11. Kapitel des Hebräerbriefes mit einer anderen Übersetzung vergleichen. Sie werden den Unterschied merken, der darin liegt, ob ich sage »ich glaube an Gott« oder »ich vertraue Gott«.

Paulus schreibt an die Römer: »Durch die Gute Nachricht zeigt Gott allen, wie er selbst dafür sorgt, daß sie vor ihm bestehen können. Der Weg dazu ist vom Anfang bis zum Ende bedingungsloses Vertrauen auf Gott. Denn es heißt ja: Wer Gott vertraut, kann vor ihm bestehen und wird leben« (Röm 1,17).

Gott will, daß wir uns auf ihn verlassen. Nur dadurch finden wir Anerkennung bei ihm (Hebr 11,1f).

Verlassen auf Gott, sich ganz auf Gott einlassen, alles Gott anvertrauen aber ist weit mehr, als wir im üblichen Sprachgebrauch unter »ich glaube an Gott« verstehen.

Gott alles anvertrauen

Hier beginnt es, ob ich wirklich an den realen Gott glaube. Ob ich wirklich auf die Allmacht Gottes baue und mich dem unfaßbar großen Gott anvertraue oder ob mein Glaube nur irgend ein oberflächliches Bekenntnis ist, das mir leicht von den Lippen kommt.
Wie oft singen wir in der Kirche die schönsten Lieder über Gott. Zum Beispiel: »Ich will dich lieben, *meine Stärke*«, oder »Lobe den Herren, den *mächtigen* König ...«
Wo aber ist denn nach dem Verlassen der Kirche dieser »mächtige« König, wo ist dann »meine Stärke« und »meine Kraft«?
Existiert Gott vielleicht doch nur in der Kirche, nur an Sonn- und Feiertagen? Nicht aber im Alltag? Nicht auch auf der Straße und am Arbeitsplatz?
Ja, wie »glaube« ich denn an Gott?

Hier können Sie am deutlichsten sehen, daß das griechische Wort »pistis« beides so gut ausdrückt: Ohne mein ganzes Vertrauen, daß Gott wirklich unendlich und wirklich allmächtig ist, steht mein Glaube an Gott auf sehr schwachen Beinen.
Wenn ich zwar daran glaube, daß Gott der Schöpfer aller Sternenwelten ist, aber zu zweifeln anfange, wenn ich seine Hilfe für mich persönlich in Anspruch nehmen will, dann kann ich nicht davon

sprechen, daß ich an einen »all-mächtigen« Gott glaube! »All-mächtig« heißt doch »überall mächtig«, *also auch in meinem eigenen Leben mächtig*!

Das aber will Gott, daß wir ihm alles anvertrauen, daß wir ihm unser ganzes Leben unterstellen:
»Sorgt euch nur darum, daß ihr euch der Herrschaft Gottes unterstellt. Dann wird er euch mit allem versorgen, was ihr braucht« (Lk 12,31; Mt 6,33).

Gott will, daß wir uns nicht um alles Sorgen machen und nicht alles allein machen wollen, sondern daß wir *wie ein Kind zum Vater gehen und seine Hilfe in Anspruch nehmen.*
Daß wir uns auf seine Verheißungen verlassen, zu denen er ebenso treu steht wie zu seinen Naturgesetzen.
An uns liegt es doch, ob wir von seinen Verheißungen Gebrauch machen. Ob wir Gott aufgrund seiner Verheißungen um Hilfe und Führung für unser Leben bitten.

Warum sind denn viele unserer Gebete so schwach und kraftlos und lassen keine Erhörung erkennen? Weil wir gar nicht an die Erfüllung unserer Gebete durch Gott glauben. Weil wir Gott gar nicht zutrauen, daß er uns helfen will!

Versuchen Sie einmal Ihre Probleme und Anliegen Gott ernsthaft hinzugeben und bauen Sie darauf, daß Ihnen von Gott wirklich eine Hilfe und eine Lösung kommt. Sie werden wahre Wunder erleben!

Als ich wieder einmal ein religiöses Besinnungs-Wochenende halten durfte, das am Donnerstagabend beginnen sollte, da lagen am Montag vorher Berge von Arbeit auf meinem Schreibtisch. Ich sah nicht mehr durch, wie ich meine Arbeit und das Besinnungs-Wochenende gleichzeitig schaffen sollte.
Entmutigt rechnete ich mir aus, daß ich bis zum Samstagabend arbeiten müßte, um nur einigermaßen über die Runden zu kom-

men. Also müßte ich das Besinnungs-Wochenende ausfallen lassen ...

Da ging ich vor das Kreuz und brachte Jesus meine Ohnmacht und alle meine viele Arbeit. Ich sagte ihm einfach schlicht und bittend: »Herr, ich kenne mich nicht mehr aus ... Ich sehe nicht mehr durch ... Ich weiß nicht mehr, wie ich das mit dem Wochenende machen soll. Wenn du mir nicht hilfst, muß ich es ausfallen lassen ...
Du aber kannst mir helfen. Das weiß ich und darauf vertraue ich ... Wenn du also willst, daß ich das Wochenende halten soll, dann bitte hilf mir und zeige mir einen Weg!«

Wissen Sie, was geschah? Zunächst überkam mich eine sehr große Ruhe. Ich hatte ja ihm alles hingegeben. Ihm alles anvertraut. Nun war es *seine* Sache geworden, nicht mehr die meine ...
Aber es ereignete sich viel mehr: Während ich normalerweise mit dem frühen Aufstehen immer meine Schwierigkeiten habe, ließ mich Gott in den folgenden drei Tagen jeden Morgen bereits um fünf Uhr hellwach werden, so daß ich statt um 1/2 9 Uhr bereits um 6 Uhr an meinem Schreibtisch saß und in diesen ungestörten Morgenstunden doppelt soviel als während der normalen Arbeitszeit aufarbeiten konnte.
Und als es Donnerstag abends 1/2 6 Uhr war, da legte ich mein letztes Aktenstück bearbeitet auf die Seite, und die ganze Arbeit – von der ich am Montag noch glaubte, ich bräuchte dafür bis Samstagabend – war erledigt! Eine halbe Stunde später war ich im nahe gelegenen Kloster pünktlich zum Beginn der religiösen Tage.

So kann Gott in unserem Leben wirken, wenn wir uns ihm ganz anvertrauen! Wenn wir mehr ihn und weniger uns walten lassen!

Noch ein zweites Beispiel: Als ich bei einer Tagung eine Teilnehmerin in der Kapelle zu einer persönlichen Aussprache abholte, sah ich in einer Bank meine Frau sitzen, und ich hatte in diesem

Augenblick das Gefühl, daß ich bei ihr sein sollte. Daß sie mich vielleicht bräuchte ...
Nun wollte ich aber die vereinbarte Aussprache einhalten. Ich gab also mein Anliegen Jesus hin und sagte ihm, daß ich meinen Dienst jetzt bei dieser Teilnehmerin sehe und meine ganze Aufmerksamkeit auf dieses Gespräch konzentrieren möchte. »Ich kann jetzt nicht bei Waltraud (meiner Frau) sein. Doch du kannst bei ihr sein. Du kannst ihr nahe sein ...«

Als ich mich später mit meiner Frau traf, erzählte sie mir, wie schön es vorhin in der Kapelle gewesen sei. Wie es ihr auf einmal plötzlich ganz warm um ihr Herz geworden und sie mir besonders nahe gewesen sei ... (Zu diesem Zeitpunkt hatte ich ihr noch nichts von meinem Gebet in der Kapelle gesagt.)

Daß wir wie ein Kind zu seinem großen Vater gehen und dessen Hilfe in Anspruch nehmen – und auch an seine Kraft und sein Helfenwollen glauben –, das will Gott von uns!

Wenn wir uns *ganz seiner Macht unterstellen* und nicht mehr auf unserem Willen beharren und auf unsere Schwachheit bauen, wenn wir uns Gottes Allmacht und Gottes Liebe anvertrauen, dann werden wunderbare Ereignisse in unserem Leben mit Gott eintreten!

Allerdings greift Gott nicht immer sofort und nicht immer äußerlich erkennbar in unser Leben ein.
Gott alles anvertrauen heißt vor allem auch, *Gott wirken lassen* und darauf bauen, daß Gott den besten Zeitpunkt für sein Einschreiten kennt.
Wir wollen Gott immer hineinreden und ihm vorschreiben, wie und wann er uns zu helfen hat. Das aber müssen wir doch Gott überlassen! Wie wollen wir besser als Gott wissen, welche Hilfe zu welcher Zeit für uns wirklich die beste Hilfe ist?

Wenn ich daran glaube, daß Gott ein liebender Vater ist, wenn ich daran glaube, daß Gott ein allmächtiger Gott ist, *dann kann ich in Ruhe und Freude ihm alles anvertrauen*! Denn wer sollte besser für mich sorgen, *wer sollte mir besser helfen können als Gott*, dem alle Macht dazu gegeben ist?!

»Gott alles anvertrauen« heißt:
Ich armseliger, schwacher Mensch verlasse mich darauf, *daß Gott die Macht hat*, mir zu helfen.
Ich armseliger, schwacher Mensch vertraue darauf, daß Gott an mir *wie ein liebender Vater* handelt, wenn ich ihn darum bitte.
Ich armseliger, schwacher Mensch *unterstelle mein ganzes Leben* dem Willen und der Führung Gottes.

Was aber kann mir dann noch geschehen, wenn ich alles voll kindlichem Vertrauen in die Hände dessen lege, der alle Gewalt – und alle Liebe! – besitzt, im Himmel wie auf der Erde?!

»Mein Vater, ich überlasse mich dir, mache mit mir, was dir gefällt. Was du auch mit mir tun magst, ich danke dir. Zu allem bin ich bereit, alles nehme ich an. Wenn nur dein Wille sich an mir erfüllt und an allen deinen Geschöpfen, so ersehne ich weiter nichts, mein Gott. In deine Hände lege ich meine Seele. Ich gebe sie dir, mein Gott, mit der ganzen Liebe meines Herzens, weil ich dich liebe und weil diese Liebe mich treibt, mich dir hinzugeben, mich in deine Hände zu legen, ohne Maß, mit einem grenzenlosen Vertrauen. Denn du bist mein Vater.« (Charles de Foucauld)

Mit allen Sorgen

Viele Menschen sagen, »ich kann doch nicht mit jeder Kleinigkeit zu Gott gehen. Ich kann doch Gott nicht mit meinen Alltagssorgen belästigen«.
Schon am Beispiel der Abermilliarden von Sternen und Sonnen, die Gott seit Milliarden von Jahren in ihren Bahnen lenkt und leitet, haben wir gesehen, daß Gott auch unser Leben führen und

tragen, daß Gott sich auch um mich und meine Sorgen ganz persönlich kümmern kann.

Gott ist der Überall-Seiende.

Gott ist der All-Mächtige.

Gerade hier zeigt es sich besonders deutlich, warum unser Vertrauen zu Gott, warum unser Glaube an seine Allmacht und Größe und Liebe so wichtig sind:
Wir weisen ja Gott von uns, wenn wir seine Hilfe nicht in Anspruch nehmen. Wir wenden uns doch von Gott ab, wenn wir sagen, »Du hilfst mir ja doch nicht. Du hast gar keine Zeit für mich ...«

Wie klein und schwächlich machen wir Menschen den großen, gewaltigen Gott!

»Werft alle eure Sorgen auf ihn, denn er sorgt für euch« ruft Petrus uns zu (1 Petr 5,7)!
Alle unsere Sorgen dürfen wir Gott übergeben. Mit *allen* unseren Sorgen sollen wir zu Gott kommen. Er will uns helfen. Er will uns unsere Sorgen abnehmen.

Viele unserer Depressionen bräuchten nicht zu sein und von vielen unserer Ängste würden wir befreit werden, wenn wir mehr daran glauben würden, daß Gott jeden einzelnen von uns ernst nimmt. Daß Gott für jeden einzelnen von uns, für Sie wie für mich, da sein will. Daß er für jeden einzelnen Zeit hat. Daß er uns allen Vater sein will. Daß er uns allen wie ein liebender Vater helfen will:
»Wenn ihr nur Vertrauen habt, werdet ihr alles bekommen, worum ihr Gott bittet« (Mt 21,22).
»Alles, was man Gott zuzutrauen wagt, das findet man auch tatsächlich bei ihm – und noch tausendmal mehr« (Meister Ekkart).

Was Jesus uns gelehrt hat

Wir Menschen tun uns oft schwer, den Willen Gottes zu erkennen, weil wir uns sperren und verschließen. Wir brauchen aber nur einmal mit offenem Herzen das »Vater unser« zu betrachten, welches uns Jesus gelehrt hat. Wie leicht können wir darin Gottes Willen für unser Leben erkennen. Alles, was wir bis jetzt in diesem Abschnitt »Was will Gott?« gelesen haben, hat Jesus mit seinen Bitten ausgesagt:

Vater unser – Gott soll mein Vater sein.

Geheiligt werde dein Name – kein anderer soll neben oder gar über Gott stehen.

Dein Reich komme – Gott soll immer mehr Besitz von mir nehmen.

Dein Wille geschehe – allein nach Gottes Geboten und Weisungen will ich mein Leben ausrichten.

Unser tägliches Brot gib uns heute – selbst um unser tägliches Essen dürfen wir Gott bitten!

Dein Reich komme

Was ist denn dieses Reich Gottes, das da zu uns kommen soll, das immer mehr unser Leben in Besitz nehmen soll?
Daß Gott herrscht und regiert in unserem Leben heißt doch nichts anderes, als daß die Liebe (»Gott ist Liebe« 1 Joh 4,16) immer mehr in uns wächst. Daß die Liebe, seine Liebe, immer mehr in uns sich ausweitet. Daß immer weitere Teile unseres Lebens, unseres Wollens und Sehnens, unseres Redens und Handelns von der Liebe Gottes umgriffen und erfaßt werden!

Je mehr wir unser Leben nach der Liebe Gottes ausrichten, je mehr wir nach seiner Liebe und nicht nach unseren egoistischen Wünschen fragen, je mehr wir der Liebe Gottes Platz in unserem Herzen einräumen und nicht unserem leidenschaftlichen Wollen oder eifersüchtigem Trachten, um so mehr wird sein Reich in unserer Welt verwirklicht werden.

Wir träumen immer gerne von großen Taten und besonderen Leistungen, die wir vollbringen wollen. Wie halten wir es mit der Liebe im Alltag? Mit der Liebe zu unserem Partner? Mit der Liebe zu den Menschen, die Gott uns über den Weg schickt? Die Gott im Alltag uns an die Seite gestellt hat?
Hier sind unsere Taten und Leistungen gefragt! Daß wir unser Herz ganz weit der Liebe öffnen. Seiner Liebe, Gottes reinster Liebe den Weg bereiten.

Stellen Sie sich doch einmal vor, wie sehr unsere ganze Welt verwandelt wird, wenn jeder einzelne Mensch nur noch bestrebt ist, Gottes Liebe in sich wachsen, Gottes Liebe in sich reifen zu lassen und Gottes Liebe in die Welt hinein zu tragen ...

»Dein Reich komme« bedeutet für mich nichts anderes, als *»Deine Liebe wachse in meinem Herzen«.*

»Deine Liebe komme durch mich in die Welt hinein ...«

Lassen Sie uns einen Anfang machen!

Dein Wille geschehe

Wie sehr können wir uns und unsere Umwelt verändern, wenn uns das ganz konkret ein Anliegen wird: Dein Wille geschehe.

Der große Verwirrer weiß um die Kraft dieses Wortes für unser Leben und so hat er es wieder mit all seinen Verdrehungskünsten verändert und verbogen. Aus einer aktiven lebens-verändernden Form hat er diesem »Dein Wille geschehe« eine passive, jegliches Handeln lähmende Bedeutung gegeben.

»Dein Wille geschehe« wird heute meistens falsch gesehen. Dein Wille geschehe: Ich kann ja doch nichts ändern. Dein Wille geschehe: Ich bin ja doch hilflos, ohnmächtig, Dir, Gott, ausgeliefert ...

Gott will uns aber nicht als passive, handlungsunfähige Menschen. »Unterwerft euch die Erde ...« (Gen 1,28) hat Gott uns allen aufgetragen. Das jedoch heißt aktiv sein, tätig sein.

Satan versucht uns einzureden, immer erst nachträglich, *nachher*, wenn schon etwas geschehen ist, zu sagen: Dein Wille geschehe. Weil wir dann passiv werden; weil wir dann nichts mehr zum Positiven hin verändern ...
Gott will aber, daß wir *immer* nach seinem Willen fragen. *Immer* nach seinem Willen handeln. Und das heißt konkret für uns, daß wir *vor* jedem Handeln Gott fragen, was sein Wille ist.
Daß wir *vor* unserem Tun zunächst überlegen: Herr, was ist jetzt dein Wille? Herr, was willst du, daß ich jetzt tun soll?

Lassen Sie mich Ihnen ein Beispiel geben: Wenn Sie wieder einmal Streit und Ärger hatten und *danach* sagen »Dein Wille geschehe«, dann würden Sie dabei ja unterstellen – »dein Wille geschehe, ich will den Ärger als deinen Willen auf mich nehmen« – , als würde der Ärger oder der Streit Gottes Wille sein. Das aber stimmt doch nicht!

Gott will, daß wir *vorher*, daß wir *inmitten* einer Situation nach seinem Willen fragen!

Wenn Sie *inmitten* eines beginnenden Streites sich zuerst still fragen »Herr, was ist dein Wille? Nur dein Wille soll geschehen«, dann werden Sie eben nicht vorschnell eine Antwort geben, die den Streit weiterführt oder verschärft. Und Sie werden erleben, – wenn Sie zuerst nach Gottes Willen fragen, zuerst Gott um seine Weisung bitten – , daß Gott Ihnen Wege zeigt und Antworten eingibt, die den Streit nicht verstärken, sondern abbauen. Die nicht dem Streit Oberwasser geben, sondern seiner Liebe.

Das ist eine lebensentscheidende Haltung für uns, eine Haltung, die unser ganzes Leben verändern wird:

Daß wir *vorher* oder *inmitten* einer Situation nach Gottes Willen fragen.

Daß wir uns zuerst Gottes Willen unterstellen und dann erst unseren Mund öffnen.

Daß wir zuerst auf seinen Willen schauen.

Daß wir zuerst ihn fragen, zuerst zu ihm ein kurzes Gebet schicken und dann erst mit unserem Handeln beginnen!

»Dein Wille geschehe!« dürfen wir nur positiv gebrauchen. Gott ist kein lähmender Gott. Kein passiver Gott. Das täuscht uns Satan vor.

Gott will, daß wir seinen Willen erfüllen. Das aber können wir nur, wenn wir vor allem Tun nach seinem Willen fragen. Dafür wird er uns belohnen:

»Du sollst tun, was in seinen Augen richtig und gut ist. Dann wird es dir gut gehen« (Dtn 6,18).

LEBEN MIT GOTT

Leben ohne Gott

Was ein *Leben mit Gott* für uns selbst bewirkt und bedeutet, können wir vielleicht am deutlichsten erkennen, wenn wir die Frage negativ stellen: wie sieht denn ein *Leben ohne Gott* aus? Lassen Sie die folgende Aufzählung auf sich wirken, die keineswegs vollständig ist.

Leben ohne Gott erzeugt:

Egoismus	Besserwisserei
Rechthaberei	Größenwahn
Empfindlichkeit	Eitelkeit
Vereinsamung	Depressionen
Angst	Feigheit
Habsucht	Neid
Ungerechtigkeit	Lüge
Streit	Diebstahl
Willkür	Ausbeutung
Haß	Grausamkeit
Rache	Gewalt
Raub	Mord

Wenn wir für alle diese einzelnen menschlichen Fehlhaltungen einen Oberbegriff suchen, dann können wir dazu sagen:
Leben ohne Gott erzeugt Lieblosigkeit.
Denn »ohne Gott« denke ich nur noch an mich. Ich habe keine Bezugsperson über mir, die mir Maß-Stäbe für mein Verhalten gibt. Ich entwickle mich zu einem »Ellenbogen-Menschen«, der rücksichtslos gegen andere nur nach seinem persönlichen Vorteil handelt.

Ein Leben ohne Gott ist letzten Endes ein Leben ohne Liebe.
Wir brauchen uns hier gar nicht auf Johannes berufen, obwohl die Heilige Schrift für jeden Christen eine der wichtigsten Orientierungen im Leben sein sollte. »Gott *ist* die Liebe« (1 Joh 4,16) heißt doch auch: Wo Gott nicht ist, wo Gott abgelehnt und nicht beachtet wird, da ist auch die Liebe, die selbstlose Liebe nicht.

Für eine »Liebe ohne Gott« gilt das gleiche wie für das Leben ohne Gott: *Ich* bestimme, was ich für Liebe halte. *Ich* lege fest, wie der andere mich zu lieben hat und wie weit *ich* bereit bin, den einen zu lieben und den anderen abzulehnen.

»Liebe« wird dann zum Machtkampf zwischen den »geliebten« Menschen, wie wir es heute oft erleben: Die meisten Ehezwistigkeiten und Streitigkeiten rühren daher, daß keiner der »liebenden« Partner auf seine eigenen Rechte verzichten will. Daß Mann und Frau, jeder für sich, darum kämpfen, ihren eigenen Standpunkt durchsetzen zu können. Daß jeder auf *seine* Meinung, auf *sein* Wissen, auf *sein* »gutes« Recht pocht. Daß die eigenen egoistischen Wünsche im Vordergrund stehen.

Wer weiß es noch und wer lebt noch danach, daß Liebe vor allem heißt, dem anderen helfen wollen, den anderen fördern wollen, *dem anderen das Leben lebenswert machen wollen*?

Leben ohne Gott führt zu einem Leben ohne Ehrfurcht vor dem Nächsten.
Denn ich habe ja keinen Bezugspunkt über mir, an dem ich mein Leben, mein Denken und Handeln ausrichte. Ohne Gott bestimme *ich* allein, was für mein Leben nützlich ist, was *ich* für gut halte, was *ich* für Liebe halte und was in *meinen* Augen wertfrei und erlaubt, was *mir* und *meinen* Idealen nützlich und dienlich ist.
Welch eine Verwirrung aber, ja wieviel Mord und Totschlag in der letzten Konsequenz, entsteht dann, wenn jeder Mensch selbst nach seiner privaten Auffassung die Richtlinien für das Zusammenleben mit den anderen Menschen bestimmt. Wenn jeder Mensch selbst sein eigener Gesetzgeber und sein eigener Richter sein will.
Manche erschreckenden Auswirkungen solcher »Selbst-Gerechtigkeit« können wir gerade heute sehr deutlich erleben:
Viele Lieblosigkeiten in der eigenen Familie werden überhaupt nicht mehr als Sünde gegenüber dem anderen – und damit als Sünde gegenüber Gott – erkannt.

»Das weiß ich doch besser als meine Frau« – und damit nimmt man sich das Recht heraus, die eigene Frau wie einen Putzlumpen zu behandeln ...
Diebstahl gilt oft nicht mehr als strafbare Handlung, sondern als ein Beweis mutigen Handelns ...
Lügen? »Ich lüge doch nicht. Das sind doch nur Ausreden ...«
Vergehen gegen das menschliche Leben werden bagatellisiert: »Weil wir ein Kind im Mutterleib entfernen ließen? Das haben wir doch nur im Interesse unserer anderen Kinder getan, damit wir diese besser erziehen können ...«

Der Mensch braucht Gott

Wir brauchen keine Wissenschaftler zu sein, um feststellen zu können, daß ohne unsere Sonne auf der Erde kein Leben möglich ist.
Ohne Sonne können die einfachsten Pflanzen nicht wachsen, kann kein Getreide reifen. Ohne Sonne fehlen uns Licht und Wärme, ohne die Leben unmöglich ist.
Unsere Erde würde erstarren. Wir Menschen selbst würden in kürzester Zeit den Tod finden.

Was für unseren Körper gilt, der ohne die Sonne nicht lebensfähig ist, gilt aber ebenso – und noch mehr – für unsere Seele und unseren Geist.
Das Leben unserer Seele kann sich nur in der Wärme der Liebe entfalten. Ohne selbstlose, hingebende Liebe muß unsere Seele verkümmern. Verfällt sie in Ängste und Depressionen.
Das gilt besonders für unsere Kinder in der Entwicklungs- und Reifezeit. Das gilt aber auch für uns Erwachsene: Ohne Liebe, das heißt ohne Annahme unserer Person durch einen anderen, ohne Anerkennung, ohne uns umsorgt wissen zu dürfen, können wir unser Leben nicht zur Entfaltung bringen.
Wenn es niemand mehr auf der Welt gäbe, mit dem ich ein Wort sprechen könnte, niemand mehr, zu dem ich gehen und meine

Nöte und Anliegen sagen könnte, wäre mein Leben trostlos und leer.

Jeder Mensch braucht einen ruhigen Pol in seinem Leben, jeder Mensch sucht Geborgenheit und Schutz, wo er sich von der Last des Tages ausruhen und erholen und neue Kraft schöpfen kann.

Können wir diesen letzten und wirklich tragenden Bezugspunkt unseres Lebens aber bei Menschen finden?
Bei Menschen, die sterblich und allen Gefahren des Lebens unterworfen sind wie wir selbst?

Oder gilt nicht auch für uns das Wort von Augustinus:
»Zu Dir hin hast Du uns geschaffen, o Herr, und *ruhelos ist unser Herz, o Gott, bis es ruht in Dir.*«

Wie oft schon sind wir ruhelos, verängstigt, ohne Ziel gewesen in unserem Leben ...
Wie oft schon erschien uns alles sinnlos, war alles fragwürdig geworden ...

Ruhelos und rastlos wird unser Leben bleiben, so lange wir allein auf uns und unsere Tüchtigkeit setzen wollen.
Ruhelos und unsicher wird unser Leben bleiben, so lange wir unsere Geborgenheit und unser Heil nur bei anderen Menschen suchen.

Allein Gott kann uns *die* Geborgenheit, *das* Ziel und *den* Sinn unseres Lebens schenken.

Es liegt an uns, ab wann wir unser Herz zu innerer Ruhe und Ausgeglichenheit finden lassen wollen. Wir können versuchen, was wir wollen:

So lange wir unser Leben nicht auf Gott ausrichten, werden wir unruhig durch diese Welt wandern.

Die Relationen sehen

Lassen Sie es mich hier noch einmal wiederholen, weil ich es nicht nur für unsere Beziehung zu Gott, nicht nur für ein fruchtbares, mit Kraft und Segen erfülltes *Leben mit Gott* so wichtig halte, sondern weil eben auch sehr viele Fehlhaltungen, Mißerfolge und Enttäuschungen in unserem Leben letzten Endes daraus resultieren:
Wenn ich ein ausgeglichenes, angstfreies und erfülltes Leben führen will, muß ich die Relationen in meinem Leben richtig sehen!

Ich bin nicht der Mittelpunkt der Welt!

Die Relationen, das heißt die Beziehung in meinem Leben richtig sehen und danach mein Leben ausrichten, heißt aber, mir klar und ehrlich Antwort zu geben:

Wer bin ich?
Woran orientiere ich mein Leben?
Woher beziehe ich meine Kraft?

Das ist doch die entscheidende Frage meines Lebens, die entscheidende Grundeinstellung für meine ganze Zukunft:

Wie sehe ich zeitlich gebundener, mit vielen Schwachheiten und Fehlern behafteter Mensch mich gegenüber diesem unbegreiflichen, unfaßbaren Gott, der schon immer war und in Ewigkeit sein wird.

Von der Beantwortung dieser Frage und den daraus vollzogenen – oder auch verdrängten – Konsequenzen wird es abhängen, ob ich in Zukunft ein Leben mit Gott in Freude und Hoffnung, mit neuer Kraft und einem klaren Ziel führe, oder ob ich weiterhin in einem Leben voller Angst, Unsicherheit und Orientierungslosigkeit verbleibe.

Wer bin ich sterblicher Mensch gegenüber Dir, meinem Schöpfer, der Du in Ewigkeit bist?
Was habe ich mir bisher oft angemaßt, wenn ich vorschnell ein Urteil über Dich und Dein Handeln gefällt habe?
Wie widersinnig habe ich oft gedacht und gehandelt, wenn ich mich zum Mittelpunkt meiner Welt gemacht habe.
Zum Feuerlöscher für Notfälle habe ich Dich degradiert.
Im Kleiderschrank habe ich Dich aufgehoben, um Dich bei Bedarf zur Verfügung zu haben.
Mein Herr und mein Gott!
Laß mich immer mehr erkennen – und danach leben –, daß Du mein Schöpfer bist und ich Dein Geschöpf bin.
Daß Du allein der Herr meines Lebens bist.

Ehrfurcht vor Gott

Je mehr ich über Gott und meine Beziehung zu ihm nachdenke, je mehr ich mir die Größe Gottes und die Winzigkeit meines Lebens vergegenwärtige, um so mehr wächst in mir eine große Ehrfurcht vor Gott.
Vor diesem Gott, der mir ein liebender Vater ist, der aber auch ein zerstörendes Feuer (Hebr 12,29) sein kann.
Der der Schöpfer unendlicher Welten und Sonnen ist, aber selbst bei mir schwachem Menschen Wohnung nimmt, wenn ich ihn einlasse (Lev 26,11; Eph 3,17).
Der mein ganzes Leben in seinen Händen hält und trägt und führt.
Der aber auch als strenger und gerechter Richter einmal über alle meine Taten und Unterlassungen urteilen wird (Ps 7,9; 58,12).
Der ein eifersüchtiger Gott ist, der niemand neben sich duldet (Dtn 6,13ff).
Dessen Name heilig ist und dessen Wille nicht nur das Gesetz, sondern auch das Heil meines Lebens ist (Ex 15,26; Dtn 30,15–20).

Gott will nicht, daß wir uns seinetwegen in Unruhe versetzen oder

gar nervös und verrückt machen – wie wir es manchmal tun, wenn ein Großer oder Mächtiger dieser Erde in unsere Stadt zu Besuch kommt oder wir zu ihm eingeladen werden.
Aber Gott will, *daß wir ihm in heiliger Scheu und großer Ehrfurcht begegnen* (Hebr 12,28).

Romano Guardini hat über Gott einmal gesagt: »Das einmalig-eigene Gottes ist seine Heiligkeit.«
Wenn wir dieser Aussage über Gottes Heiligkeit die Aussage eines bekannten Nobelpreisträgers, Jacques Monod, gegenüberstellen: »Wer bin ich? Ein Zigeuner am Rand des Universums«, dann wird unser Leben seine richtige Relation finden und wir können als Mensch nur noch staunend, dankbar und voller Ehrfurcht vor Gott stehen:

Gott, der sich in vielem mir offenbart hat – und der doch in unerforschlichen Welten wohnt.

Gott, von dem ich soviel schon weiß – und den ich trotzdem nicht kenne.

Gott, der mir nahe ist wie kein Mensch – und ferne wie der weiteste Stern ...

»Die Furcht des Herrn ist der Anfang der Weisheit; alle, die danach leben, sind klug« (Ps 111,10).

»Wohl dem Mann, der den Herrn fürchtet und ehrt und sich herzlich freut an seinen Geboten. Seine Nachkommen werden mächtig im Land, das Geschlecht der Redlichen wird gesegnet. Wohlstand und Reichtum füllen sein Haus, sein Heil hat Bestand für immer« (Ps 112,1–3).

»Wie groß ist deine Güte, Herr, die du bereit hältst für alle, die dich fürchten und ehren; du erweist sie allen, die sich vor den Menschen zu dir flüchten« (Ps 31,20).

Gott zuwenden

»Güte erweist du allen, die sich zu dir flüchten«, haben wir eben im Psalm 31,20 gelesen. Bei Jesaja fordert Gott uns alle persönlich sehr eindringlich auf:
»Wendet euch mir zu, und laßt euch erretten, ihr Menschen aus den fernsten Ländern der Erde; denn ich bin Gott, und sonst niemand ... Vor mir wird jedes Knie sich beugen und jede Zunge wird bei mir schwören: Nur beim Herrn ... gibt es Rettung und Schutz« (Jes 45,22ff)

»Wendet euch mir zu ... nur beim Herrn gibt es Rettung und Schutz!«
Was mühen wir uns im Leben ab, um uns gegen die verschiedensten Gefährdungen, Risiken, Krankheiten und vieles andere abzusichern und um möglichst jedes Risiko auszuschalten!
Dorthin aber, wo wir zuerst Hilfe und Geborgenheit finden können, wenden wir uns oft erst »in letzter Minute«.

Gott hat uns durch die Offenbarung in der Heiligen Schrift immer wieder gezeigt, wie sehr er uns nahe sein will. Wie er uns segnen – seine erste Tat nach der Erschaffung des Menschen! – und wie er uns helfen und beschützen will.
Das kann aber Gott doch nur, wenn wir uns auch an ihn wenden. Wenn wir zu ihm gehen, ihn um seine Hilfe bitten. Und wenn wir vor allem versuchen, auf Gott zu hören, was er uns sagen, welche Hilfen er uns zeigen, welchen Weg er uns führen will.
Gott sich zuwenden heißt vor allem: Auf Gott hören, auf Gott schauen.

Auf Gott hören

Gott spricht oft zu uns im Leben. Es kommt auf uns an, ob wir unsere Aufmerksamkeit Gott zuwenden, um sein Wort hören und verstehen zu können.

Zuallererst hat Gott durch seine Offenbarung in der Bibel und durch das Leben Jesu und Jesu Worte zu uns Menschen – auch zu Ihnen und zu mir – gesprochen.
Viele Fragen und Probleme unseres Lebens bräuchten keine Fragen und Probleme mehr zu sein, wenn wir uns mehr Zeit für das Lesen der Heiligen Schrift nehmen würden.
Durch sein persönliches Wort, durch die Worte der Propheten und dann besonders durch Jesus selbst hat uns Gott klare Antworten und Weisungen für unser Leben gegeben.

Gott führt unser Leben – wenn wir bereit sind, uns von ihm führen zu lassen. Zu diesem »führen lassen« gehört aber an erster Stelle, daß wir Gottes Wort, mit dem er uns leiten will, auch in der Bibel suchen und kennenlernen.

Daß wir Sehnsucht nach dem Wort Gottes, nach der persönlichen Weisung des Herrn haben und daß wir regelmäßig – jeden Tag wenigstens fünf Minuten – sein Wort lesen und auf sein Wort hören.

Mose hat die Israeliten immer wieder beschworen, wie wichtig es ist, auf Gottes Wort zu hören:
»Wenn du auf die Gebote des Herrn hörst ... dann wirst du leben und zahlreich werden, und der Herr, dein Gott, wird dich ... segnen« (Dtn 30,16).
»Himmel und Erde rufe ich heute als Zeugen gegen euch an ... Liebe den Herrn, deinen Gott, höre auf seine Stimme, und halte dich an ihm fest; denn er ist dein Leben« (Dtn 30,19f)
»Das ist kein leeres Wort, das ohne Bedeutung für euch wäre, sondern es ist euer Leben. Wenn ihr diesem Wort folgt, werdet ihr lange ... leben« (Dtn 32,47).

»Es ist euer Leben« – das Wort Gottes, sagt Mose.
Wieviel Streit, wieviel Haß, wieviel Neid und wieviel Eifersucht könnten vermieden werden, wenn wir besser auf Gottes Wort hören und nach Gottes Wort leben würden!

Auf Gott hören: Ich möchte Sie auffordern und Ihnen Mut machen, täglich in der Heiligen Schrift zu lesen. Diese Zeiten der Bibel-Lesung werden Ihr Leben verändern!
Sie werden sicherer und ausgeglichener werden. Sie werden mit mehr Freude und mit mehr Kraft sich der Last und den Mühen des Alltags stellen: Gott hält sein Wort für Sie bereit, um Ihnen in Ihrem Leben zu helfen!

Auch Ihnen gilt der Ruf Jesu: »Kommt doch zu mir; ich will euch die Last abnehmen. Ich quäle euch nicht und sehe auf keinen herab. *Stellt euch unter meine Leitung«* – das heißt doch: hört auf mein Wort, hört auf meine Weisung – *»und lernt von mir; dann findet euer Leben Erfüllung. Was ich anordne, ist gut für euch, und was ich euch zu tragen gebe, ist keine Last«* (Mt 11,28ff).

Mit Gott sprechen

Daß ein »Leben mit Gott« ohne Gebet nicht möglich ist, dürfte sicher jedem Leser einleuchten. Und doch gibt es noch viele gute Christen, deren Gebetsleben sich auf Zwang und Leistung – ich »muß« noch mein Morgengebet beten – , oder auf das Herunterrasseln von Fürbitten beschränkt.

Über das Gebet gäbe es sehr viel zu sagen. Lassen Sie mich hier nur einige wichtige Gedanken über unsere Gebetsformen einfügen:

Liebesbriefe und Telefonanrufe bei geliebten Menschen erfolgen nie aus Zwang oder aus »Vorschriften« heraus, sondern kommen immer aus einem inneren Drang. Meine Sehnsucht ist so groß, daß ich den geliebten Menschen sprechen will. Daß ich seine Stimme hören will. Daß ich ihm ein Lebenszeichen von mir schicken will. Daß er wissen soll, wie sehr ich an ihn denke ...

Aus der Art und Weise meines Betens kann ich meine Beziehung zu Gott überprüfen: *Habe ich Sehnsucht nach einem Kontakt mit Gott?* Will ich ihn wissen lassen, wie sehr ich ihn liebe, wie sehr ich ihm vertraue, wie sehr ich auf seine Hilfe rechne? Oder ist mir Beten eine »leidige Pflicht«?

Beten heißt nicht plappern. Wenn wir unser Gebetsleben einmal überprüfen, dann sieht es doch meistens so aus, daß wir anfangen zu reden und nicht mehr aufhören, bis wir mit unserem »Gebet« zu Ende sind. Zumeist sind es dann auch nur Fürbitten. Viele Bitten werden aneinandergereiht ...

Beten heißt »sprechen mit Gott«. Mit Gott darf – und soll – ich aber nicht anders sprechen als ein Kind mit seinem Vater.
Haben Sie schon einmal ein Kind erlebt, das zur Türe hereinkommt, seine Bitten – was es alles will – herunterrasselt und nach dem »Aufsagen« schleunigst auf Wiedersehen sagt und wieder zur Türe hinausgeht?

So aber verhalten wir uns zumeist, wenn wir zu Gott beten!

»Miteinander sprechen« (sprechen *mit* Gott) heißt:
Dem Gesprächspartner auch sagen, wie es mir geht.
Dem Gesprächspartner auch sagen, mit was er mir Freude gemacht hat.
Dem Gesprächspartner auch danken für das, was er für mich seit dem letzten Mal getan hat.

Und vor allem heißt es:
Auch den anderen zu Wort kommen lassen.
Dem anderen zuhören.
Seine Meinung erfragen.
Seinen Rat erbitten.

Gott spricht auch heute noch zu uns Menschen. Aber er kann nur dann zu uns sprechen, wenn wir bereit sind, auf ihn zu hören. Wenn wir auch bereit sind, uns Zeit für ihn zu nehmen.

Zeit nehmen für Gott

Wo holt sich ein Mensch seine Kraft, mit der er sein Leben meistern kann?
Bei seiner Arbeit? Die kostet doch nur Kraft und Anstrengung.
Vor dem Fernseher? Da findet er vielleicht Ablenkung. Aber neue Kraft?

Wenn Sie einmal alle Möglichkeiten durchgehen, in denen Sie neue Kräfte für Ihr Leben finden können, dann werden Sie zu der Feststellung kommen, daß Sie vor allem dort Kraft empfangen, wo Sie in die Stille gehen.
Von einem Symphonieorchester geht nun einmal mehr Besinnung aus als von einer Beatband.
Auf einer stillen Bergwiese finden unsere Nerven leichter zur Ruhe als auf einem Rummelplatz.
In der Heiligen Schrift werden wir nun einmal mehr Anregung und Auftrieb für unser Leben finden als in einem noch so spannenden Krimi.

Wenn wir neue Kraft finden wollen, brauchen wir dafür Stille und Zeit.

Nicht anders ist es bei Gott. Wenn wir uns von ihm, der die größte Kraftquelle unseres Lebens ist, neue Kraft holen wollen, dann müssen wir zu Gott in die Stille gehen.
Dann müssen wir uns Zeit nehmen für Gott.

Wo aber soll ich täglich die Zeit dazu finden?

Lassen Sie mich eine Gegenfrage stellen: Fragt ein liebender Mensch, »wo soll ich die Zeit hernehmen, um mit meinem Geliebten beisammen sein zu können«?

Oder fragt ein Kind, das Hilfe sucht, »wo soll ich die Zeit hernehmen, um zu meinem Vater gehen zu können«?

Wenn ich ein echtes Anliegen bei meinem Vater habe, wenn ich als liebender Mensch mich mit dem Geliebten austauschen will, dann frage ich doch nicht lange, sondern dann suche ich eben, wo und wie ich mich freimachen kann.

Wann ich schnell einmal mit ihm telefonieren kann ...
Für ein kurzes Dankgebet reichen wenige Sekunden aus.

Wann ich ihm einen Brief schreiben kann ...
Einige Minuten Pause vor seinem Kreuz oder ein kurzer Besuch beim Vorbeilaufen an einer Kirche lassen sich oft möglich machen.

Mehr Zeit brauchen wir schon für die Schriftlesung und für das »Hören«. Aber hier stellt sich eben die Frage, was wichtiger für mein Leben ist:
Zehn Minuten länger schlafen oder zehn Minuten beten am Morgen?
Eine Viertel-Stunde mehr Fernsehen oder Illustriertenlesen oder eine Viertel-Stunde Heilige Schrift lesen am Abend?
Ein Wochenende mehr im Jahr vertrödeln oder einmal auch zu einem religiösen Besinnungstag gehen?

Hier kommt es wieder auf die Prioritäten an, auf die Beziehungen in meinem Leben zu den einzelnen Dingen und zu Gott:
Wieviel Zeit – und damit Ehrfurcht, Anerkennung und Anbetung – bringe ich wirklich für Gott auf, für Gott, von dem ich sage, daß er mein Schöpfer ist, daß er am Beginn, wie einmal auch am Ende meines Lebens steht?
Wieviel Zeit verschwende ich für viele nebensächliche, unwichtige Dinge ...

Allein die Hinwendung zu Gott gibt dem Menschen die Kraft, sein Leben zu meistern!

Es fragt sich, wieviel Kraft ich von Gott haben will ...

Ungeteilt leben

»Da gibt es aber bei Paulus eine Stelle im 1. Thessalonicherbrief (5,17), wo er schreibt ›Betet ohne Unterlaß‹. Wie soll ich denn das verstehen? Ich kann doch nicht den ganzen Tag beten? Ich muß doch auch meine Arbeit machen und meine Pflicht erfüllen«, fragte mit Recht einmal ein Teilnehmer an einem Besinnungswochenende.
Diese Stelle ist auch nicht leicht verständlich, wenn wir die Praxis »religiösen Lebens« betrachten. Vereinfacht ausgedrückt sieht doch religiöses Leben ungefähr so aus:
Am Sonntag gehe ich in die Kirche. Am Morgen, zum Essen und am Abend bete ich zu Gott und in der Zwischenzeit »mache ich meine Arbeit«, beziehungsweise »habe ich Freizeit«.

Ähnliche Aufteilungen finden wir auch bei engagierten Christen. Angela, eine tiefgläubige Theologie-Studentin, hat ihre bewährten Grundsätze. Einer davon lautet: Der Donnerstagabend gehört immer Jesus.
Damit meint sie, daß sie jeden Donnerstagabend in ihren Gebetskreis geht und sich von keiner anderen Verpflichtung davon abhalten läßt.

Sicher ist das ein guter und sehr schöner Grundsatz. (Es tut in den meisten Fällen unseres Lebens gut, wenn wir einen gewissen festen Rhythmus in unseren Tages- und Wochenablauf einplanen.)

Aber betrachten wir diese Einstellung doch einmal näher:
»Am Sonntag« gehe ich in die Kirche, also zu Gott.
»Der Donnerstagabend gehört Jesus.«
Wie sieht es mit den anderen Tagen aus? Wem gehört zum Beispiel der Mittwochmorgen?
Wie ist das mit den Zeiten bei der Arbeit, während der Freizeit?
Gehören die nicht Gott?
Ist Gott da nicht anwesend?

Wir haben doch gesagt, Gott sei der Überall-Seiende. Der Immer-Seiende.
Wir haben erfahren, daß Gott uns nahe sein will. Daß er uns helfen will.
Nur am Sonntagmorgen und am Donnerstagabend?

Viel Zwiespalt und Unruhe bringen wir Menschen durch eine solche »Aufteilung« in unser Leben hinein: Wir unterscheiden zwischen Zeiten für Gott und Zeiten, wo *wir* die Tüchtigen, wo *wir* die Fleißigen, wo *wir* die Verantwortlichen sein müssen.
Kein Wunder, daß wir dann oft kapitulieren, die Nerven und den Mut verlieren, in Angst und Hilflosigkeit verfallen!
Wir können das ja alles gar nicht allein meistern, was da an Schwierigkeiten und Belastungen auf uns zukommt, was da oft alles auf einmal auf uns einstürmt!

So entsteht dann in uns unbewußt das Bild vom »Feuerlöscher« Gott: Wenn wir nicht mehr weiter wissen, gehen wir zu ihm. Wenn wir uns nicht mehr auskennen, soll Gott uns helfen. Im übrigen aber schaffen wir das schon allein ...

Es gibt kein wirklich geistliches, religiöses Leben mit Gott, das aufgeteilt und getrennt wäre in »Zeiten für Gott« und »Zeiten ohne Gott«.
Gott ist überall am Werk.
Gott ist immer bei mir.
Nicht nur zeitweise.
Bei allem, was ich tue und denke, ist Gott gegenwärtig.

Es liegt an mir, ob ich mit Gott nur stundenweise in der Woche beisammen sein will, ob ich seine Hilfe, seinen Segen, seinen Schutz, seine Führung nur bruchstückhaft – am Sonntagmorgen und abends beim Nachtgebet – in Anspruch nehme.
Oder ob ich immer und überall mit ihm, meinem Herrn und Schöpfer, Gemeinschaft habe und überall und immer auf seinen Rat und seine Hilfe zurückgreifen will.

Ob ich ein zwischen Gott und »meinen Pflichten« hin- und hergerissenes Leben führen will, oder ob ich mein Leben ungeteilt in der Gemeinschaft mit Gott führe.
Dies wird mir nicht von heute auf morgen gelingen. Aber ich kann mich darin einüben und täglich einen neuen Versuch machen, meinen Alltag bewußter mit Gott zu leben.

Leben in Gottes Gegenwart

Lassen Sie es mich wegen der großen Bedeutung für unser Leben wiederholen: Gott kann mir nur nahe sein mit seinem Wirken und seiner Führung, wenn auch ich ihm nahe sein will. Wenn auch ich mich Gott zuwende.

Schauen wir uns an, wie das im Alltag aussieht: Die Kirche hat uns das tägliche Morgengebet nicht nahe gelegt, damit wir früh zwei Minuten an Gott denken oder zwei Minuten mit Gott beisammen sind. Neben dem wichtigen Anliegen, daß mein erster Gedanke früh und mein letzter Gedanke am Abend Gott, dem Allerhöchsten, gehört, soll mein Morgengebet die *Hingabe des ganzen Tages* an Gott sein!
Alles, was an diesem Tag auf mich zukommt, gebe ich Gott hin. Alles unterstelle ich seinem Schutz und seiner Weisung!

Alles am Tag, bei der Arbeit oder in der Freizeit, will ich so ausführen, daß es vor Gott Bestand hat.
Für all mein Denken und Handeln soll nur eines bestimmend sein:
Dein Reich komme.
Dein Wille geschehe.

Was ich auch tue oder denke, es soll seiner Liebe gelten. Es soll dazu da sein, daß sein Reich größer werde in dieser Welt; daß immer mehr seine Liebe wächst, daß immer mehr sein Wille geschieht in meinem Leben und in meiner Umgebung.

Das ist die wahre Bedeutung des Morgengebets: Ich gehe mit Gott – und nicht ohne Gott – zur Arbeit. In meinen Alltag. Zu den Menschen, zu denen er mich heute schickt.

Wenn ich in dieser Haltung meinen Tag beginne und wenn ich mich bemühe, in dieser Haltung – in Gottes Gegenwart – zu leben, dann finde ich auch zu meiner Arbeit, zu meinen Berufskollegen und zu allen Mitmenschen, die mir im Laufe des Tages begegnen, eine ganz andere Einstellung.

Ich werde freier und gelöster:
Gott ist ja bei mir.
Gott begleitet mich.
Gott beschützt mich.

Ich werde freundlicher und aufgeschlossener:
Gott will ja, daß ich zu *allen* Menschen, die er mir heute wieder über den Weg schickt, gut und hilfsbereit bin.

Ich leiste eine bessere Arbeit:
Gott will, daß ich tüchtig bin; daß ich mich weiterentwickle; daß ich keinen Pfusch mache, sondern eine gute Arbeit liefere.

Ich werde sicherer und zuversichtlicher:
Gott steht mir bei.
Gott stärkt mich durch die Kraft seines Heiligen Geistes.
Gott gibt mir zur richtigen Zeit auch das rechte Wort ein.

Wenn ich mein ganzes Leben in Gottes Gegenwart führe, erfüllt sich auch in meinem Leben, was Paulus von sich sagt:

»Ich vermag alles in dem, der mich stark macht« (Phil 4,13).

»Mit meinem Gott überspringe ich Mauern«

heißt es im Psalm 18,30. Der Herr wird zu »meinem Fels, zu meiner sicheren Feste, in der ich mich berge. Er ist mein Schild, mein sicheres Heil und meine Zuflucht« (Ps 18,3).
»Du, Herr, läßt meine Leuchte erstrahlen, mein Gott macht meine Finsternis hell« (Ps 18,29).

Wenn ich meinen ganzen Alltag, auch meine Arbeit und meine Freizeit, *in Gottes Gegenwart lebe*, wenn ich ihn wirklich immer und überall um mich weiß, dann tritt das bereits als Zustand in mein Leben ein, wozu Paulus die Thessalonicher noch aufruft:

»Lebt in Frieden miteinander ...
Ermutigt die Ängstlichen.
Helft den Schwachen und habt mit allen Geduld.
Achtet darauf, daß keiner Unrecht mit Unrecht zurückzahlt.
Gebt euch Mühe im Umgang miteinander ...
Seid immer fröhlich.
Betet ohne Unterlaß.
Dankt Gott in jeder Lebenslage« (1 Thess 5,13–18).

Das will Gott von uns. Und das alles *bewirkt Gott von sich aus in uns*, wenn wir *ihn* in uns wirken lassen. Wenn wir unser *ganzes* Leben *ihm* – und nicht unserem Egoismus – zuwenden.
Wenn wir unser ganzes Leben ungeteilt in Gottes Gegenwart leben.

Dann wird auch unsere Arbeit, dann wird *alles*, was wir tun und denken, zum Gebet. Dann werden wir *ohne Unterlaß beten*, wenn wir jede unserer Aufgaben im Alltag Gott unterstellen, wenn wir jede unserer Verpflichtungen Gott hingeben und *nach Gottes Willen* – nämlich *als tüchtige Menschen* und *in Liebe zu den Nächsten* – ausführen.

Dann werden wir *immer fröhlich* sein können: Gott der Herr ist ja bei uns. Er umgibt uns und er begleitet uns.

Dann werden wir uns *»Mühe geben im Umgang miteinander«* und »in Frieden miteinander« und »in Geduld mit den Schwachen« leben können: Gott gibt uns dazu die Kraft. Gott gibt uns dazu die rechte Erleuchtung.

Gott zeigt uns dann, daß er uns *in jedem* anderen Menschen begegnet: So wie er in uns ist, so wie er uns begleitet und uns nahe ist, so lebt Gott *in jedem Menschen*!

Spüren Sie, wie das unsere Einstellung zu den Mitmenschen verändern wird, wenn ich in anderen nicht mehr nur den Nachbar oder den Besucher sehe, sondern wenn mir in jedem anderen Menschen *Gott begegnet*?!

»Auch in ihr lebst Du, Herr. Auch in ihm begegnest Du mir, Du großer, barmherziger Gott!«

Das ist wirkliches Leben mit Gott, *Leben in der ständigen Gegenwart Gottes*:
Ich glaube daran und *ich handle danach*, daß Gott wirklich der Überall-Seiende, der Überall-mich-Begleitende (und damit auch der »Alle-Menschen-Begleitende«) ist!

Dienst für Gott

Überlegen Sie einmal, welche Kraft und welche Veränderung in meinem Leben von diesem Gedanken ausgehen: In jedem Menschen begegnet mir Gott.

In meinem Ehepartner, in meinen Kindern, in meinen Eltern begegnet mir Gott.
In meinen Arbeitskollegen.
In der Frau auf der Straße.
In dem Kranken im Rollstuhl.
In jedem Menschen!

Verstehen wir jetzt etwas besser die Antwort von Jesus auf die Frage des Gesetzeslehrers, welches das wichtigste Gebot sei? Jesus antwortete: »Du sollst den Herrn, deinen Gott, lieben von ganzem Herzen, von ganzer Seele und mit deinem ganzen Verstand! Dies ist das größte und wichtigste Gebot. *Das zweite ist gleich wichtig*: Liebe deinen Mitmenschen wie dich selbst!« (Mt 22,37 ff).

»Das zweite ist gleich wichtig!«

Das konnte Jesus doch nur sagen, weil er wußte, daß wir *in der Liebe zu den Menschen gleichzeitig seinen Vater ehren und lieben.*

Von sich sagt Jesus, der mit Gott dem Vater und Gott dem Heiligen Geist eine Einheit bildet, ja auch:
»Was ihr dem Geringsten meiner Brüder getan habt, *das habt ihr mir getan*« (Mt 25,40).

Wenn wir diese klaren Weisungen von Jesus in unserem Leben befolgen und verwirklichen, dann heißt das doch: Meine Liebe zu den Mitmenschen ist Liebe zu Gott.
Mein Dienst an den Mitmenschen ist ein Dienst an Gott!

Welche Fülle bricht in unserem Leben neu auf, wenn wir wirklich danach handeln und danach zu leben trachten: Mein Dienst an den Mitmenschen ist ein Dienst an Gott.
Unsere ganze Lebenshaltung wird völlig verändert!
Ich vergleiche mich nicht mehr mit den anderen: »Die Angestellten haben am Sonntag frei und wir müssen die Dreckarbeit machen«, sagte mir neulich eine Schwester mit »menschlich verständlicher« Verärgerung.
Wenn ich meine Arbeit, ja, mein ganzes Leben, als *Dienst für Gott* ansehe, wenn ich *alles aus Liebe zu Gott* vollbringe, dann werde ich keine Arbeit mehr unwillig oder verärgert ausführen. Dann werde ich auch Windeln waschen, Holz hacken oder Treppen putzen aus Freude und Liebe zu Gott.

Dann spielt es für mich keine Rolle mehr, wo, an welchen Ort und an welchen Arbeitsplatz mich Gott hinstellt: *Überall begegnet mir Gott*!
Durch welchen Dienst auch immer: durch *jede* Arbeit kann ich *Gott verherrlichen und Gott anbeten.*

Das Beispiel der Heiligen

Von der Heiligen Theresia von Lisieux wird diese Geschichte erzählt: Als sie schon schwer krank war und ihr Tod nahe bevorstand, meinte eine Mitschwester über sie: »Was wird man von ihr denn im Nekrolog (Nachruf) berichten können. Sie hat doch im Leben gar nichts geleistet ...«

Sie hat »gar nichts geleistet ...«
Aber *jede* ihrer einfachsten Arbeiten hat sie *aus Liebe zu Jesus* getan!

Mit dieser Lebenseinstellung ist die kleine, kranke, zu »nicht viel brauchbare« Schwester für die Kirche »zur größten Heiligen der Neuzeit« und zur »Patronin der Weltmission« geworden!
Für unzählbar viele Christen in der ganzen Welt ist Theresia von Lisieux heute Vorbild und Lebenspatronin!
Die kleine Schwester, die ja »eigentlich gar nichts geleistet hatte ...«

Wichtig für Gott allein ist, *wie* ich arbeite, *wie* ich meine Aufgaben erfülle, *wie* ich lebe. Nicht auf meine Stellung und meinen Rang, *allein auf meine Gesinnung kommt es Gott an*!

Die große Heilige Theresia von Avila sagte einmal: »Der Herr sieht nicht so sehr auf die Größe der Werke, als *auf die Liebe, mit der man sie tut*. Und wenn wir das tun, was wir können, wird er uns helfen, jeden Tag mehr zu tun.«

Paulus, von dem wir so viel für unser Leben lernen können, ruft den Korinthern im ersten Brief (10,31) zu: »Was ihr auch tut, *tut alles zur Ehre Gottes.*«

Tut alles zur Ehre Gottes.

Tut alles aus Liebe zu Gott.

Immer wieder mahnt uns Paulus: *»Euer Leben soll ganz von der Liebe bestimmt sein«* Eph 5,2; 1 Kor 16,14).

Im Brief an die Römer schreibt er: »Wer den anderen liebt, hat den Willen Gottes erfüllt« (Röm 13,8).

Johannes bestätigt das gleiche, wenn er in seinem zweiten Brief schreibt: »Ihr habt von Anfang an gehört, wie sein Gebot lautet: *Die Liebe muß euer ganzes Leben bestimmen«* (2 Joh 6).

Am Ende unseres Lebens wird Gott uns kaum fragen, was wir alles Großes auf dieser Welt geleistet und wieviele Frömmigkeits-Übungen wir vollbracht haben.
Gott wird unser Leben allein danach beurteilen, ob und wie wir seine Liebe zu den Mitmenschen gelebt haben:

»Ich gebe euch jetzt ein neues Gebot, das Gebot der Liebe. Ihr sollt einander genau so lieben, wie ich euch geliebt habe. Wenn ihr einander liebt, dann werden alle erkennen, daß ihr meine Jünger seid« (Joh 13,34f).

»Ich gebe euch nur dieses eine Gebot: Ihr sollt einander lieben« (Joh 15,17).

Viele Fragen klären sich

Wenn ich mein ganzes Leben nach dem Gebot der Liebe ausrich-

te, wenn ich alle meine Absichten daran messe, ob sie der Liebe dienen oder gegen die Liebe verstoßen, dann bekomme ich auf viele Fragen klare Antworten.
Dann wird es zum Beispiel für eine Ordensschwester im Krankenhaus kein Problem mehr sein, ob sie jetzt nicht eigentlich zum Gebet müsse, obwohl ein Unfall-Verletzter frisch eingeliefert wurde.
Gott will sie *in diesem Augenblick* bei dem Kranken haben.
Gott will ihr in diesem Augenblick *durch diesen Kranken* begegnen.

Oder würden Sie einer von Schmerzen geplagten Frau auf der Straße nicht helfen wollen, nur weil Sie dann zum Gottesdienst zu spät in die Kirche kämen?

Gott ist kein schizophrener Gott, kein Gott, der in sich oder in seiner Schöpfung gespalten wäre.
Gott nimmt keinen Dienst für sich in Anspruch, wenn wir dadurch unseren Dienst an den Mitmenschen vernachlässigen.
Gott reißt uns nicht hin und her zwischen Wünschen und Pflichten, wie wir Menschen es oft tun oder wie es der Widersacher, der große Durcheinanderwerfer (das heißt »Diabolus« im Deutschen!) bei uns tun will.

Die Methode des Teufels – und nicht der Wille Gottes – ist es, uns einzureden, daß es zwischen der Liebe zu Gott und der Liebe zu den Menschen, daß es im Dienst für Gott und im Dienst für die Menschen klaffende Unterschiede, beziehungsweise verschiedene Ansprüche Gottes gäbe.

Natürlich will Gott angebetet und verherrlicht werden. Und er duldet keinen anderen »Gott« neben sich.
Aber hier geht es um die echte und wahre Liebe zu Gott. Und hier gibt es bei Gott keinen Unterschied: *»Das zweite ist gleich wichtig*: Liebe deinen Mitmenschen wie dich selbst.«

Ungeteilt lieben

Eine alte Mönchs-Weisheit sagt: »Ziehe nichts der Nächstenliebe vor, außer wenn ihretwegen die Liebe zu Gott vernachlässigt wird.«

Natürlich darf ich die Liebe zu Gott nicht vernachlässigen, darf ich Gott nicht neben oder gar erst nach meinen Mitmenschen sehen. Aber das ist ja hier nicht die Frage. Die Frage ist, *aus welcher Gesinnung* heraus verrichte ich meinen Dienst für die Menschen. Wenn mir im Mitmenschen Gott begegnet und wenn ich meinen Dienst für den anderen als Dienst für Gott tue, dann liebe und verehre ich in diesem Augenblick Gott. Dann wird mein Dienst für den andern ein Dienst für Gott.

Dann wird mein Leben auf dieser Welt immer mehr zu einer Einheit im Leben mit Gott:
Ich tue nichts mehr ohne Gott.
Ich betrachte jede meiner Aufgaben als einen Auftrag Gottes an mich.

Ich brauche nicht mehr Gewissensbisse zu bekommen, wenn ich einmal nicht die Zeit zum beten finde oder auch einmal auf einen Gottesdienst verzichten muß, weil Gott mich in diesem Moment an einem anderen Platz haben will.
Weil eben »Gottesdienst« und »Gottesliebe« nicht mehr ausschließlich und allein im Besuch der Kirche, in der Mitfeier der Heiligen Messer oder des Abendmahls bestehen, sondern weil immer mehr *mein gesamtes Leben* zu einem *Dienst für Gott* wird. Weil immer mehr *mein ganzes Leben* von der *Liebe zu Gott* getragen wird.

Natürlich darf – und wird – aus einer solchen Einstellung nie eine Vernachlässigung der Anbetung Gottes oder eine Vernachlässigung meiner Gottesdienstbesuche entstehen.
Wenn ich wirklich im Alltag ein Leben mit Gott führe und wenn

ich all mein Tun auf ein »Handeln aus Liebe zu Gott« ausrichte, dann wird Gott mir durch seinen Heiligen Geist auch immer zeigen, wann meine Zeiten ausschließlich ihm allein gehören und wann meine Zeiten bei den Menschen sind. (Wie ich das unterscheiden lerne, habe ich ausführlich in meinem Buch »Der uns die Angst nimmt« dargelegt.)

Wichtig für unser Leben aber ist, daß *Gott uns ungeteilt in seinem Dienst* haben will. Daß wir *ungeteilt* – und damit ruhig und sicher, und nicht unruhig hin- und hergerissen – unser Leben führen. *Daß wir ungeteilt unsere Liebe verschenken.*

»Euer Leben soll ganz von der Liebe bestimmt sein« (Eph 5,2). Von der Liebe, die »aus Gott kommt« (1 Joh 4,7).

Gott aber begegnet uns in den Menschen.

Gott dienen wir in den Menschen.

Gott lieben wir in den Menschen.

»Wenn wir einander lieben, lebt Gott in uns. Dann erreicht seine Liebe bei uns ihr Ziel« (1 Joh 4,12).

»Wer in der Liebe lebt, der lebt in Gott, und Gott lebt in ihm« (1 Joh 4,16).

Der Übereifer

Dieses Kapitel möchte ich besonders den Schwestern und Brüdern widmen, die sich bereits aktiv im Dienst Gottes wissen. Auf Besinnungswochenenden und anderen religiösen Tagungen erfahre ich immer wieder Beispiele, wie sehr Satan Verwirrung in den eigenen Reihen schafft, indem er mit religiösem Übereifer ansetzt.

Weil er religiös lebende, tief mit Gott verbundene Menschen nur schwer durch eine offensichtliche Sünde von Gott abbringen kann – welche Ordensfrau könnte er zum Beispiel schon zum Diebstahl verführen? – versucht er es umgekehrt:
Er stachelt den religiösen Eifer zu überhöhten Leistungen an und bringt dadurch Unruhe in einen Menschen, Unfrieden in eine christliche Gemeinschaft hinein.

»Du betest viel zu wenig ...«
»Du mußt Dich bei Deinen Mitschwestern für ein besseres Glaubensleben einsetzen ...«
»Das darfst Du bei den anderen nicht durchgehen lassen ...«
Und schon hat er die schönste Verwirrung in uns selbst oder Ärger oder gar Streit mit anderen herbeigeführt.
Satan kommt mit dem Übereifer oft sehr leicht ans Ziel, weil er dabei unsere eigene Tüchtigkeit anstachelt und gleichzeitig unser Vertrauen in Gott erschüttert, ohne daß wir das gleich merken.

Alles, was wir aus Übereifer tun, heißt doch: Ich traue Gott nicht viel zu. Ich selbst muß der Tüchtige sein.
Ich traue Gott nicht, daß er auch im anderen Menschen am Werk ist.
Ich traue Gott nicht, daß er die Fehler des anderen auch gesehen hat. Da muß *ich* einmal tätig werden.
Da muß *ich* für Ordnung sorgen; für ein besseres Gebetsleben bei den anderen aktiv werden.

Immer, wenn Sie sich gedrängt fühlen, für Gott etwas Besonderes tun zu sollen, für Gott eine besondere Leistung erbringen zu sollen, *prüfen Sie erst, ob Sie sich auch in Übereinstimmung mit Gott finden*!

Was sagt die Bibel?

Gerade bezüglich unseres Verhaltens gegenüber den Mitmen-

schen können wir in der Heiligen Schrift ganz klare Antworten finden:
»Verurteilt nicht andere, damit Gott euch nicht verurteilt« (Mt 7,1).
»Wer von euch noch nie gesündigt hat, der soll den ersten Stein auf sie werfen« (Joh 8,7).
Wie oft sind wir der festen Überzeugung, im guten Glauben zu handeln und nichts als das Gute zu wollen, wenn wir meinen, andere zurechtweisen zu sollen. Haben wir uns da aber immer vorher auch gefragt, ob unser Wollen auch Gottes Wille ist?

Was will Gott – das allein ist doch die Frage und nicht »was will ich«? Auch wenn ich guten Glaubens handle!
Da muß ich mich eben vergewissern, ob »mein guter Glaube« und mein großer Eifer wirklich mit Gottes Willen übereinstimmen, oder ob ich mir das nur vormache, weil ich mein Handeln für so wichtig halte.

»Seid wachsam gegen euch selbst« sagt Jesus nicht nur zu seinen Jüngern (Lk 17,3). Er hat dieses – und alle seine Worte – auch an uns gerichtet!

Überall, wo in christlichen Gemeinschaften Streit und unnötige Auseinandersetzungen entstehen, lebt man zumeist nicht nach der Heiligen Schrift!

Wie oft hat Paulus zu dem Thema des Zusammenlebens klare Weisungen gegeben. Lassen Sie mich hier nur drei Zitate bringen:

»Laßt einander gelten und nehmt euch gegenseitig an« (Röm 15,7).
»Gebt euch Mühe im Umgang miteinander« (1 Thess 5,15).
»Einer soll dem anderen helfen, seine Lasten zu tragen. So lebt ihr nach dem Gesetz, das Christus gegeben hat« (Gal 6,2).
(Weitere Stellen finden Sie bei: Röm 12,9; 2 Kor 13,11; 1 Thess 5,13f; Kol 3,15)

Wieviel durch falschen Übereifer entstandenes Unheil könnte verhindert werden, wenn wir *vor unserem Aktivwerden mehr ins Gebet gehen und besser auf Gott hören* würden als auf unsere vorgefaßte Meinung! Wenn wir unser Leben mehr nach Gottes Wort ausrichten würden!

Viele Fragen und Probleme meines Lebens sind keine Fragen und Probleme mehr, wenn ich die Heilige Schrift und den darin deutlich geoffenbarten Willen Gottes besser kenne.

Paulus sagt uns sehr genau, welchen Dienst Gott wirklich von uns will:
»Stellt euch Gott ganz zur Verfügung. Das ist das Opfer, das ihm gefällt; darin besteht der rechte Gottesdienst« (Röm 12,1).

Ich oder Gott?

Spüren Sie aus dieser Aussage des Paulus, worin unser wirkliches Leben mit Gott, worin unser wirklicher Dienst für Gott bestehen?
Daß wir uns »Gott ganz zur Verfügung stellen«!
Daß wir ihm, dem Schöpfer, unser Leben anvertrauen.
Daß wir ihm glauben, daß er wirklich der All-Mächtige ist.

Je mehr Sie sich in ein Leben mit Gott einüben, um so öfter werden Sie erfahren, daß die Kernfrage jedes geistlichen Lebens auf diesen einen wesentlichen Punkt hinausläuft:
Will *ich* der Tüchtige sein?
Will *ich* allein mein Leben meistern und bewältigen können?

Oder vertraue ich mein Leben ganz der Führung Gottes an?
Unterstelle ich all mein Denken und all mein Handeln der Weisung Gottes?

Solange ich noch ängstlich zögere, weil ich noch zu wenig Vertrauen in seine Macht und in seine Liebe besitze, solange ich mich Gott noch in einzelnen Punkten meines Lebens verweigere, sei es aus Bequemlichkeit oder aus Angst oder Mißtrauen, so lange wird mein Leben von Unruhe erfüllt bleiben.

Gott will der Herr meines ganzen Lebens sein. Gott will, daß ich ihm auch alle Grau- und Dunkelzonen meines Lebens übergebe, damit er in mir wirken, damit er in meinem Leben seine Kraft entfalten kann.

Von Gott führen lassen

Welche Absichten und Pläne hat Gott mit mir?

Es braucht eine lange Einübung, bis sich immer besser und leichter die Konturen von Gottes Willen erkennen lassen. Aber schon jetzt, schon heute, kann ich meine Pläne mit Gottes Plänen abstimmen, kann ich meine Ziele auf Gottes Ziele ausrichten:
Ich muß nur, *bevor* ich eine Entscheidung treffe, *bevor* ich zu handeln anfange, offen sein für Gott. Ich darf mich ihm gegenüber nicht sperren und zuschließen, indem ich alles allein entscheide, alles selbst besser wissen will.

Ich komme schneller mit mir ins reine und meine verwirrten Situationen klären sich leichter, wenn ich meine Fragen Gott hinhalte, vor Gottes Angesicht stelle und mich vor Gott bereit mache:
»Ich allein kann nichts.
Aber Du kannst mir den Weg zeigen.
Du kannst mir helfen.
Du kannst meine Dunkelheit hell machen.«
Wenn ich bewußt meinen Alltag, mein ganzes Handeln und Denken der Führung Gottes unterstelle, *erhält mein Leben eine viel größere Sensibilität.* Ich werde feinfühliger gegenüber meinen Mitmenschen.

Auch meine äußere Aufmerksamkeit wird größer. Ich denke mehr nach und werde an viel mehr erinnert, als im bisherigen Leben. Das fängt bei kleinen Besorgungen an und führt bis zur Nächsten- und Gottesliebe.
Gott erinnert uns tatsächlich öfter im Alltag auch an unsere kleinen Aufgaben und trägt so zu einem viel ausgeglicheneren und dadurch mit mehr Freude erfüllten Leben bei, wenn wir ihn öfters nach seinem Willen fragen!

Das kann ich beim Autofahren ebenso gut wie beim Einkaufen.
Ich will noch rasch überholen: »Herr, was ist Dein Wille?«
»Jetzt nicht, du fährst gefährlich.«
Beim Einkaufen: »Herr, habe ich etwas vergessen?« »Du wolltest noch Saft für die Kinder ...«

Probieren Sie diesen Umgang mit Gott einmal auch in den kleinsten Dingen Ihres Alltags aus. Sie werden Überraschungen erleben!
Wenn Sie Ihre Augen und Ihr Herz aufmachen für Gott, finden Sie oft schon in Ihren eigenen Lebensumständen eine Antwort Gottes auf Ihre Fragen.

So lange wir aber immer allein wirken und allein entscheiden wollen, brauchen wir uns nicht zu wundern, wenn wir nur langsam vorankommen; wenn wir uns immer wieder die Köpfe im Nebel anstoßen; wenn wir noch oft nach dem richtigen Weg für unser Leben suchen müssen.

Der Herrschaft Gottes unterstellen

Gott bietet uns täglich seine Hilfe an. In allen Situationen unseres Lebens will er uns beistehen, uns nahe sein. Selbst um das Essen und Trinken brauchen wir uns nicht zu kümmern, verheißt uns Jesus:
»Zerbrecht euch nicht den Kopf darüber, was ihr essen und trinken werdet. Damit plagen sich Menschen, die Gott nicht

kennen. *Euer Vater weiß, was ihr braucht. Sorgt euch nur darum, daß ihr euch seiner Herrschaft unterstellt, dann wird er euch mit all dem anderen versorgen.*
Sei ohne Angst, du kleine Herde! *Euer Vater will euch seine neue Welt schenken!«* (Lk 12,29–32).

Sorgt euch nur darum, daß ihr euch seiner Herrschaft unterstellt; daß ihr Gottes Willen tut; daß ihr Gott – und nicht euren Egoismus – zum Herrn eueres Lebens macht: *dann wird er euch mit allem versorgen, was ihr braucht*!

Das ist eine Verheißung Jesu! Eine Verheißung, der wir felsenfest vertrauen dürfen wie allen Verheißungen Gottes: »Ich werde zu meinem Bund stehen und alles erfüllen, was ich euch zugesagt habe« (Lev 26,9).
Gott hat es in unseren freien Willen hineingelegt, ob wir sein Angebot annehmen, ob wir seiner Hilfe uns anvertrauen oder seine mächtige Kraft ablehnen wollen.

Wie oft aber im Alltag begehen wir diese Dummheit?

Alles von Gott erwarten

Immer, wenn wir etwas aus eigener Kraft zu erreichen versuchen, immer, wenn wir uns selbst abzappeln und abstrampeln, liegen wir sehr rasch wieder auf der Nase.
Hören wir doch einmal auf, an uns und unsere Kräfte zu glauben! Wir wissen doch, wie schnell wir ermüdet, wie oft wir verzagt und kraftlos sind.

Erwarten wir doch täglich mehr von Gott und weniger von uns!

Gott stellt uns seine Kraft zur Verfügung.
Auch in unserer Zeit!

Erst vor wenigen Wochen war es, da Gott einer Gruppe gläubiger Menschen, die ihn am Pfingstfest anbeteten und die Kraft seines Heiligen Geistes erflehten, die folgende Prophetie schenkte:

»Ich will ausgießen das Wasser des Lebens über euch.
Ich will ausgießen das Feuer der Liebe in euere Herzen.
Öffnet mir euer Herz!
Schaut nicht auf euch – schaut auf mich!
Erwartet alles von mir.
Setzt mir keine Grenzen.
Ich will euch beschenken in Fülle!«

Das ist Gott!
So spricht Gott!
»Ich will euch beschenken in Fülle!«

Vor dem Tagungsraum stand eine junge Teilnehmerin mit traurigem Gesicht.
»Ich erwarte mir nichts mehr von Gott. Ich habe keine Hoffnung mehr. Morgen früh fahre ich heim ...«

In einem langen Gespräch am Abend konnte ich nichts bewirken. Nur den Berg von Problemen aufdecken, der auf ihr lastete. Noch nie war mir so deutlich, daß nur noch Gott selbst helfen kann, daß nur noch Gott einen Weg kennt; Gott, der uns am Tag vorher gesagt hatte: Erwartet alles von mir.

Mit dieser seiner eigenen Zusage habe ich Gott dann in der Nacht bestürmt:
»Herr, du hast uns gesagt, daß wir alles von dir erwarten dürfen. Daß du uns beschenken willst. Daß du Wasser des Lebens und Feuer der Liebe ausgießen willst ...
Ich vertraue auf dein Wort. Ich verlasse mich fest auf deine Zusage und ich bitte dich jetzt für Karin, daß du auch an ihr deine Zusage wahr machst. Daß du auch über sie dcin Wasser des Lebens, daß du auch über sie dein Feuer der Liebe ausgießt ...«

Am besten schildert Karin selbst, was in dieser Nacht vorgegangen ist:
»Wie erwartet, konnte der Wirrwar, der in mir ist, durch eine Aussprache nicht gelöst werden: Einsamkeit bedrückt mich, Zerrissenheit, Glaubenszweifel, Sinnlosigkeit, Suche nach Geborgenheit, nach innerer und äußerer Heimat, nach Liebe und lieben dürfen, nach einer Lebensaufgabe ...
Ohne Klärung gingen wir auseinander. Auf dem Weg in mein Zimmer kam ich an der kleinen Kapelle vorbei. Noch kurz vorher hatte ich es abgelehnt, mit zum ausgesetzten Allerheiligsten zu gehen.
Plötzlich zog es mich jedoch in die fast leere Kapelle. Auf den Knien liegend warf ich mich vor den Herrn. Mit einem Mal erkannte ich das Ausmaß meiner Ausweglosigkeit, und, so paradox es klingt, gleichzeitig begann in mir ein klein wenig Mut zu keimen. Ich mußte an das Wort aus Joh 6,68 denken:
›Wohin sollen wir gehen? Du allein hast Worte des ewigen Lebens. Und wir haben geglaubt und erkannt, daß Du der Sohn Gottes bist.‹
Ja, dies ist die einzige Möglichkeit, der einzige Weg.
›Jesus Christus, Du bist der Sohn Gottes. Ich kann nicht mehr weiter. Wenn Du mich mit all meiner Zerrissenheit noch willst, dann nimm meine leeren Hände. Ich überlasse mich Dir. Tue mit mir, was Du willst.‹
Und Gott nahm dieses Gebet ernst. Ich wurde ruhig, entspannt und offen.
Sonntag abends:
Welch ein Unterschied zu gestern! Ohne daß sich an den konkreten Problemen etwas geändert hat, habe ich wieder Mut und beginne wieder, fröhlich von innen her zu lachen. Die Gottesdienstfeier war eine echte Pfingstfeier für mich. Sogar das Gebet stieg erneut in mir hoch – ; das Reden mit Gott, teilweise auch ohne Worte, kommt wieder zum Leben.«

Ihm alles überlassen

Ohne Hoffnung sagte Karin noch am Abend: »Was soll ich eigentlich hier. Es hat ja doch alles keinen Sinn ... Ich habe keinen Mut mehr, das Abenteuer mit Gott einzugehen. Ich erwarte mir nichts mehr von ihm ...«

Und dann kam die Wende, als der Herr sie anrief – »plötzlich zog es mich in die Kapelle« – und sie sich ganz ihm überließ: »Wenn du mich mit all meiner Zerrissenheit willst, dann nimm meine leeren Hände. Ich überlasse mich dir ...«

Ich überlasse mich dir!

Das ist die große Frage, deren Beantwortung darüber entscheidet, ob in mein Leben Klarheit und Ruhe einziehen:
Lebe ich mein Leben weiterhin eigenwillig, auf mich allein gestellt, oder überlasse ich mich der Kraft und der Liebe Gottes?

Erst wenn ich bereit bin, Gott mein Leben führen zu lassen, kann Gott anfangen, in mir seine göttlichen Absichten zu erfüllen, die er von Anfang an für mein Leben vorbestimmt hat.

Ignatius von Loyola sagt einmal: *»Nur wenige Menschen ahnen, was Gott aus ihnen machen könnte, wenn sie sich ihm ganz überließen.«*

Teresa von Kalkutta, Roger Schütz, Charles de Foucauld und Christen auf der ganzen Welt bezeugen uns diese Wahrheit auch heute im 20. Jahrhundert! Was kann Gott aus uns machen, *wenn wir uns ihm ganz überlassen*!

Gott alles überlassen heißt: Ich glaube daran und vertraue darauf, daß der allmächtige Gott mein Leben besser führen kann als ich. Ich glaube daran und vertraue darauf, daß Gott auch für mein Leben sorgt, »noch mehr als ein Vater es kann«.

Fehler und Schwächen

Gerade bei unseren eigenen Fehlern und Schwächen erfahren wir es am deutlichsten, daß wir ohne Gott nichts ausrichten können. Wie oft sind wir schon gegen einen bestimmten Fehler angegangen und wie oft haben wir immer wieder neu versagt!
Da gibt es so viele Patentrezepte, wie wir mit Sünden angeblich fertig werden können – hat uns eines davon schon einen Schritt weitergeholfen? Letztlich werden wir in 30 Jahren noch dort stehen, wo wir heute sind, *so lange wir uns allein abmühen, so lange wir allein unsere Probleme bewältigen wollen.*

»Gott alles überlassen« gilt auch für unsere Sünden und unsere Fehler.
Von Gott führen lassen, damit *er mit seiner Kraft* am Werk sein kann, das war das große Geheimnis der Heiligen! Kein Heiliger ist frei von Sünden, frei von Schwächen und Fehlern aufgewachsen. Aber sie haben Gott alle ihre Leidenschaften und Fehler übergeben und diese *von ihm wandeln lassen.*

Alle Bereiche meines Lebens

Um Gottes Macht in meinem Leben wirken lassen zu können, muß ich bereit sein, ihm *alle Bereiche meines Lebens* zu unterstellen.
Das ist ein wichtiger Punkt in einem vom Geist Gottes geführten Leben, daß ich mich sehr sorgfältig daraufhin überprüfe, *welche Bereiche meines Lebens ich Gott noch nicht ausgeliefert habe.*

So kann ich zum Beispiel sehr stark von der Liebe Gottes beeindruckt sein und diese Liebe unter den Menschen weitergeben wollen, aber weiterhin in der Unwahrheit leben.
Ich kann sehr eifrig und tüchtig sein, aber gleichzeitig ohne Güte und Geduld.
Ich kann mir vormachen, daß ich große Fortschritte im allgemei-

nen Gebetsleben erziele, in Wirklichkeit aber steht mein Vertrauen zu Gott noch auf sehr wackeligen Beinen.
Oder ich habe keinerlei Schwierigkeiten mit der Sexualität. Aber ich spüre gar nicht, daß mein Verhalten gegenüber anderen manchmal sehr lieblos sein kann.

Wo sind meine verborgenen Schwachstellen? Welches sind meine Grauzonen, die ich noch nicht Gottes Wirken ausgeliefert habe?

Eigene Fehler ertragen

Nicht alle Fehler nimmt uns Gott. Manche läßt er uns ein Leben lang, damit unsere Bäume nicht in den Himmel wachsen und damit wir uns immer wieder neu an seiner Gnade und seinem Segen orientieren und nicht an unserem Können und unseren Leistungen.
Es gehört wohl zu den schwierigsten Aufgaben im Leben, daß wir lernen, unsere eigenen Fehler zu ertragen und mit unseren eigenen Fehlern zu leben.
Hier finden wir bei Petrus und bei Paulus viel Kraft und Hilfe.

Stellen Sie sich diesen Petrus vor! Was war das für ein stämmiger Mann! Ein Fischer vom See Genezaret. »Selbst wenn alle anderen an dir irre werden – ich bestimmt nicht!« (Mt 26,33).
In der gleichen Nacht verrät er seinen Herrn vor einem jungen Mädchen.
Das soll ein Fels sein?
Darauf will Jesus seine Kirche bauen?

Jesus wußte, warum er den leicht versagenden Petrus ausgewählt hatte:
Weil Petrus einer Kirche von Sündern vorstehen sollte. Weil Petrus die ihm anvertrauten Menschen von seiner eigenen Schwachheit her verstehen und nicht von oben herab aus einer Position der Makellosigkeit beherrschen sollte.

Auch wir sollen den Menschen dienen, die Menschen verstehen und sie nicht lieblos zurechtweisen oder herumkommandieren. Deswegen läßt Gott uns wie dem Paulus so manchen Stachel im Fleisch:
»Ich habe unbeschreibliche Dinge geschaut. Aber damit ich mir nichts darauf einbilde, hat Gott mir ein schweres Leiden gegeben: Der Engel des Satans darf mich schlagen, damit ich nicht überheblich werde. Dreimal habe ich zum Herrn gebetet, daß er mich davon befreit. Aber er hat mir gesagt: ›*Du brauchst nicht mehr als meine Gnade. Je schwächer du bist, desto stärker erweist sich an dir meine Macht.*‹ Jetzt trage ich meine Schwäche gern, ja ich bin stolz darauf, damit die Kraft Christi sich an mir erweisen kann« (2 Kor 12,7–9).

Zu meinem Leben gehören auch meine Fehler und Schwächen. Ich soll dagegen angehen. Ich soll mich bemühen, von meinen Fehlern und Schwächen frei zu werden. Aber letzten Endes muß – und darf – ich es auch hier ganz und gar Gott überlassen, wie, wann und in welcher Form er meine Schwächen und Fehler wandeln will.
Ich weiß nur eines: Selbst aus meinen Sünden und aus jeglichem Versagen macht Gott wieder etwas Gutes, wenn ich in Liebe ihm alles anvertraue.

Anfechtungen zulassen

Vielleicht macht Sie die Überschrift zu diesem Absatz skeptisch: Wieso soll ich Anfechtungen zulassen? Gegen Anfechtungen muß man sich doch wehren! Etwas dagegen tun!
Und wie sieht es dann aus mit dem »dagegen tun«? Wie oft sind Sie denn mit Ihren Anfechtungen fertig geworden und wie oft haben Sie doch versagt?
Natürlich ist es das Leichteste und Beste, wenn ich auf Anfechtungen im ersten Anfangsstadium überhaupt nicht reagiere, sie links liegen lasse . . .

Aber wie oft ist das Theorie. Wie schnell sind wir manchmal in einer Situation, aus der wir nicht mehr so leicht herauskommen. Schon gar nicht mit einem einfachen Abwinken oder ähnlichem.

Mit Anfechtungen – auch zum Beispiel auf sexuellem Gebiet – werde ich viel leichter fertig, wenn ich dagegen nicht mit irgendwelchen zwanghaften Denkansätzen vorzugehen versuche, sondern wenn ich diese zunächst Gott hinhalte:
»Herr, ich bin jetzt sehr verwirrt ...
Du siehst meinen Zwiespalt ...
Ich kenne mich nicht mehr aus ...
Ich weiß nicht, was ich tun soll ...
Meine Sexualität ist doch auch ein Gut Deiner Schöpfung ...«

Wenn wir erst einmal *mit Gott* über unsere Anfechtungen *ins Gespräch* gekommen sind, dann haben wir schon den ersten wichtigen Schritt vollzogen, daß wir auch unsere sündhaften Neigungen Gott übergeben.
Daß wir ihn auch in unsere Anfechtungen hineinholen, damit *er* in uns wirkt und nicht mehr wir allein uns wehren müssen.
Damit *er* eine Entscheidung herbeiführt. Damit *er* uns Klarheit und Ruhe schenkt und nicht die Unruhe und Verwirrung des Teufels in uns Oberhand gewinnt.

Gott will, daß ich auch alle meine Versuchungen mit ihm bespreche und ihm überlasse, *damit er sie wandeln und heilen kann.*

Gelassen in Gott leben

Aus diesem »Gott alles überlassen« erwächst uns für unser Leben eine immer größere Gelassenheit.
Meine Sorgen um meinen Beruf: ich darf sie Gott übergeben.
Meine Angst um meine Kinder: ich kann sie voll und ganz Gottes Schutz unterstellen.

Meine Differenzen in der Ehe: ich bitte Gott um Hilfe und Klärung.
Meine Einsamkeit und Verlassenheit: Gott ist bei mir. Gott läßt mich nicht allein. Gott wird mir auch Menschen senden, durch die er mich seine Nähe spüren läßt.

Was auch geschieht: Gott ist bei mir. Gott handelt in mir.
Das wird die neue, große Macht in meinem Leben werden!

Gott wird der neue Orientierungspunkt, an dem ich alles ausrichte. Seine Wünsche, seine Pläne und seine Absichten werden zur Richtschnur meines Lebens.

Mein Leben bekommt eine klare Zielrichtung. Ich muß mich nicht mehr von jedem Windhauch hin- und herwehen lassen.
Ich brauche nicht mehr der Tüchtige und Kluge zu sein, von dessen Wissen und Können alles abhängt. Jede Entscheidung treffe ich nur noch mit Gottes Hilfe.
Bei jeder neuen Aufgabe lasse ich mich nur noch von Gottes Führung leiten, so wie es uns Paulus schon gesagt und vorgelebt hat: »Ich lasse mich nicht von menschlicher Klugheit leiten, sondern von der Gnade Gottes« (2 Kor 1,12).

Was ist aus diesem Mann geworden! In die ganze damals bekannte Welt hinein hat er machtvoll und ohne Furcht die Botschaft Jesu Christi verbreitet.
Er ist zum großen Apostel der Völker geworden. Seit zweitausend Jahren leben Menschen von seiner Botschaft, schöpfen Millionen und Abermillionen Kraft aus seiner Verkündigung.

»Ich lasse mich nicht von menschlicher Klugheit leiten, sondern von der Gnade Gottes.«

Das war die Weisheit und die Kraft des Paulus.
Das kann auch die große Kraft, das neue Ziel und die alle Dunkelheit hell machende Weisheit Ihres Lebens werden!

DANKE, VATER!

Gott führt alles zum Guten

Im Brief an die Römer (8,28) schreibt Paulus: »Wir wissen, daß Gott bei denen, die ihn lieben, alles zum Guten führt.«

Zunächst wirkt diese Aussage doch sehr verblüffend. *Alles* soll von Gott zum Guten geführt werden?

Auch meine Krankheiten und Unfälle?
Meine Fehler und Schwächen?
Auch meine menschlichen Verstrickungen und meine Sünden?

Auch diese.

Gott kann aus jeder Krankheit uns Heil werden lassen. Aus jeder Schwachheit kann durch Gott neue Kraft kommen. Aus jeder Sünde kann Gott – und wird Gott – neues Leben entstehen lassen *bei denen, die ihn lieben.*

Schon der große Kirchenvater Augustinus hat uns diese Aussage bestätigt: »Denen, die Gott lieben, gereichen alle Dinge zum Besten, auch ihre Sünden.«

So groß ist Gottes Liebe zu uns Menschen, daß er uns alles – jede Verstrickung und jedes Gebrechen – nicht nur verzeiht, sondern sogar *zu einem neuen Heil* werden läßt, *wenn wir seine Liebe erwidern.*
Wenn wir uns aufmachen zu ihm und ihn um seine Hilfe bitten.

Dann kann uns keine Krankheit und kein Unglück mehr beunruhigen: Gott wird uns beistehen mit seiner Hilfe und mit seinem Segen, wenn wir uns ihm zuwenden.

Dann wird keine Dunkelheit und keine menschliche Verlassenheit uns mehr mutlos und verängstigt machen: Gott wird sie zum Licht werden lassen, wenn wir ihm vertrauen.

Dann können uns Fehler und Sünden unterlaufen: Gott wird sie heil machen, wenn wir unsere Liebe zu ihm in uns wachsen lassen.

Was auch geschieht, Gott verspricht uns durch Paulus:
»Alles werde ich zum Guten führen bei denen, die mich lieben.«

Gott für alles danken

Für wie vieles in meinem Leben darf ich Gott Dank sagen!

Wenn ich zurückschaue: Wie oft war seine Führung deutlich in meinem Leben spürbar. Wie oft hat er eingegriffen. Wie oft hat er mich geleitet, wo ich nicht mehr weiter wußte ...
Aber auch für viele kleine Dinge im Alltag darf ich Gott preisen:
Blumen am Wegrand.
Sterne in der Nacht.
Für ein gelungenes Auto-anlassen in der kalten Jahreszeit.
Beim Schwimmen im sommerlichen See ...

Von der geringsten Kleinigkeit bis zum größten Geschenk habe ich Grund, meinem Gott ein »Danke« zu sagen. Gott, ohne den *nichts* wäre; ohne den *nichts* gelingen würde.

Den Lobpreis Gottes darf und soll ich aber nicht nur bei den schönen Dingen und gelungenen Aktionen anstimmen.
Weil eben »Gott *alles* zum Guten führt«, sagt uns Paulus auch: »Dankt Gott in jeder Lebenslage!« Und er fügt hinzu: »Das will Gott von denen, die mit Jesus Christus verbunden sind« (1 Tess 5,18).

Gott will von uns, daß wir ihm in jeder Lebenslage Dank sagen!
Weil er der All-Mächtige ist, weil er »der Gott des Unmöglichen« (Magdalena von Jesu) ist, der aus *jeder* Situation unseres Lebens, auch aus der verfahrensten und hoffnungslosesten, wieder etwas Gutes machen kann!

Versuchen Sie einmal, Gott in Ihrem Leben auch dann zu danken, wenn Ihnen ein Mißgeschick oder ein Unheil zugestoßen ist. Zum Beispiel, wenn Sie krank geworden sind: Versuchen Sie einmal, Gott für Ihre Krankheit danken zu können. Denn Gott kann ja auch Ihre Krankheit zum Guten führen!

Gott ist ja der Gott, der *in allem* mächtig ist!

Der auch das Unmögliche möglich machen kann!

Carlo Carretto schreibt einmal: »Wenn Gott wirklich mein Gott ist, fürchte ich nichts mehr.«

Ich muß mich über kein Versagen mehr aufregen.
Ich muß keine Angst mehr vor schweren Prüfungen meines Lebens haben.
Ein plötzlicher Unfall kann mich nicht mehr aus der Reihe bringen.
Gott führt alles zum Guten bei denen, die ihn lieben!

In diesem Vertrauen, daß der allmächtige Gott alles zum Guten führen wird, kann mein ganzes Leben zu einem einzigen Dank und Lobpreis Gottes werden:
Gott steht mir bei in jeder Not.
Gott kann auch die auswegloseste Situation zum Guten wenden!

Gott führt durch Lobpreis

Im ersten Kapitel des Römerbriefes schreibt Paulus über die Schuld der Menschheit, die Gott nicht mehr verehren und danken will:
»Obwohl sie Gott kannten, gaben sie ihm nicht die Ehre, die ihm zusteht, und dankten ihm nicht« (Röm 1,21).

Paulus zählt dann einen ganzen Katalog von Fehlern und Sünden

auf, die daraus entstanden, daß die Menschen Gott nicht mehr Dank und Ehre erwiesen (Röm 1,21–32).
»Sie kennen weder Liebe noch Erbarmen«, schließt Paulus seine Aufzählung ab.

Daß wir ihm in jeder Lebenslage danken, will Gott deswegen von uns, weil er durch unseren Dank uns führen will. Gott macht uns durch den Lobpreis aufmerksam, was er alles in unserem Leben bewirkt:

Wie er alles täglich neu schafft.

Wie er uns umsorgt und umgibt.

Wie er uns nie allein läßt.

Gott ist mein Licht

»Jesus hat uns die Botschaft gebracht, die wir euch weitergeben: Gott ist Licht; in ihm gibt es keine Spur von Finsternis« (1 Joh 1,5).

Gott ist Licht.

Diese Botschaft des Johannes können wir besser verstehen und begreifen, wenn wir uns fragen, was ist Licht. Was ist Dunkelheit. Was geschieht im Licht, durch das Licht. Was geschieht in der Dunkelheit, durch die Dunkelheit.

Denken wir an unsere eigenen Erfahrungen. Licht, das ist für uns: Helligkeit, Klarheit, Erkenntnis.
»Wir sehen wieder weiter.«
»Es leuchtet mir etwas ein.«
Licht ist Hoffnung.
Licht zeigt Wege.

Dunkelheit: Ich fühle mich allein, verlassen, unsicher.
»Ich blicke nicht mehr durch.«
»Ich kenne mich nicht mehr aus.«

Menschen, die von Gott erfüllt sind, sind strahlende Menschen.
Weil Gottes Licht sie hell und froh macht.
Weil Gott ihnen ein Ziel zeigt.
Weil Gott ihre große Hoffnung, ihre Kraft und ihre Stärke ist.

Warum gibt es unter Ordensschwestern und Diakonissen so viele strahlende, freundliche Gesichter? Weil Gottes Licht aus ihnen leuchtet, weil Gott der Mittelpunkt ihres Lebens ist!

Wieviele schöne Beispiel kennen wir von Liebenden.
Menschen, die lange nach der Liebe gesucht haben, die lange gewartet haben, um den Partner ihres Lebens zu finden, die bedrückt und traurig wirkten: Plötzlich fangen sie an, strahlende, leuchtende Menschen zu werden.
Weil sie einen Menschen gefunden haben, den sie lieben dürfen.
Und der sie liebt so wie sie sind.

Sie haben die Liebe gefunden.

Diese tiefe, reinste Liebe, die aus Gott kommt; der die Liebenden durch sein Licht froh und hell macht:

»Du, Herr, bist mein Licht,
du, mein Gott, machst alles Dunkel um mich hell« (2 Sam 22,29).

»Du läßt mein Lebenslicht strahlen, Herr« (Ps 18,29).

»Du zeigst mir den Pfad meines Lebens« (Ps 16,11).

Du führst mich aus der Dunkelheit heraus.

Dein Licht und Deine Liebe verändern mein Leben!

Gott ist das Ziel meines Lebens

Mein Leben findet in Gott und durch Gott nicht nur seinen Sinn. Mein Leben findet in Gott auch sein Ziel.

Einmal, wenn es hier zu Ende sein wird, wartet Gott schon an der Schwelle auf mich.
Ich weiß – und darauf darf ich bauen – , daß mein Leben nicht im Dunkel endet, daß es nicht einfach ausgelöscht wird wie eine Kerze, sondern daß es in ein neues Licht weitergeführt wird, daß es ein neues Licht schauen darf, in dem es für immer und alle Zeiten geborgen sein wird!

In den letzten Jahren sind eine Reihe von Büchern auf den Markt gekommen, in denen untersucht wird, ob es ein Leben nach dem Tod gibt. Wissenschaftler haben Menschen befragt, die bereits einmal als klinisch tot gegolten haben und wieder in das Leben zurückgerufen worden sind. Alle diese Befragungen ergaben – von Einzelheiten abgesehen – folgendes, fast völlig übereinstimmende Bild:

Es wird dem Sterbenden leicht, ja fast wohl zumute.

Ein großer Film läuft in ihm ab, in dem er noch einmal allen Stationen seines Lebens begegnet.

Er muß durch eine lange, dunkle Röhre, durch einen großen, schwarzen Gang hindurch und weit aus der Ferne kommt ihm ein Licht entgegen, das immer heller und strahlender wird ...

Das Licht wird geschildert »von strahlender Helle«, »schöner als die Sonne«, »es blendet nicht ...«

Alle Befragten sagen übereinstimmend, daß »das Licht unsagbar schön gewesen sei« und daß sie jetzt keine Angst mehr vor einem neuen, endgültigen Tod hätten ...

Gott ist das Licht in unserem Leben.
Gott wird auch einmal das Licht am Ende meines Lebens, das Licht am Ziel meines Lebens sein.
Ja, Gott wird das end-gültige Ziel meines Lebens!

Alles im Leben kann und darf und soll ich auf dieses letzte, große Ziel ausrichten. Alle meine Entscheidungen und alle meine Beweggründe sollen darauf ausgerichtet sein:
Bringen sie mich Gott, meinem großen Ziel, näher oder halten sie mich von ihm ab?

Dann gibt es kein »muß« und kein »soll« mehr. Ich »muß« noch in die Kirche ... Ich »soll« noch in der Bibel lesen ...
Dann »will« ich nur noch.

Ich will Gott nahe sein, deswegen bete ich.

Ich will mir von Gott seinen Segen für die kommende Woche geben lassen. Also möchte ich am Sonntag auch unbedingt in die Kirche gehen.

Ich will mein ganzes Leben – und dazu gehören meine Ehe und meine Kinder – unter den Schutz des allmächtigen Gottes stellen. Deshalb ist eine kirchliche Trauung – der Segen Gottes für meine Ehe – für mich von großer Bedeutung und kein sinnloser Ritus.

Ich will mit Gott immer enger verbunden sein und Gott immer besser kennen lernen. Also lese ich täglich in der Heiligen Schrift.

Ich will mir nur noch von Gott den Sinn und das Ziel meines Lebens zeigen lassen, deswegen frage ich auch untertags nach Gottes Willen und bete Gott auch im Alltag an:

Gott, der mein Schöpfer ist.
Gott, der auch am Ende meines Lebens stehen wird:
Gott, der mein Ziel ist.

Gott ist mein Glück

Wie ich zum ersten Mal dieses Wort »Gott ist mein Glück« erfahren durfte, da hat es mich unsagbar ergriffen.
Vieles glaubte ich schon, von Gott zu wissen.

Gott ist mein Herr. Mein Schöpfer. Mein Vater.

Gott ist die Liebe. Gott ist mein Licht.

Gott ist mein Ziel.

Aber: Gott ist mein Glück?

Da fiel es mir wie Schuppen von den Augen: Das alles gehört ja zu einem glücklichen Leben!

Daß Gott mich frei macht von Angst und unnötigen Sorgen.
Daß Gott mir immer und überall helfen will.
Daß Gott die Quelle meiner Kraft und meines Lebens ist:
»Bei dir ist die Quelle des Lebens. Deine Liebe ist die Sonne, von der wir leben« (Ps 36,10).

Alles, was ich bin und habe, ist sein Geschenk.

Gott ist der Ausgangspunkt meiner Zuneigung und meiner Liebe, meiner Freude und meiner Hoffnung.

Gott ist der Ausgangspunkt meines menschlichen Strebens und das Ziel meiner menschlichen Erfüllung.

»Solo Dios basta.« »Gott allein genügt!« sagt Therese von Avila.

Allein in Gott ist mein Glück.

»Mein ganzes Glück bist du allein« (Ps 16,2).

Gott ist mein Vater

Jesus hat uns die Botschaft gebracht, daß Gott unser Vater ist. Immer wieder hat er vom »Vater« gesprochen, wenn er von Gott erzählt hat.

»Unser Vater! So sollt ihr beten«, sagt Jesus zu uns und versichert uns gleichzeitig: »Euer Vater weiß, was ihr braucht« (Mt 6,8f).

Allen, die sich Gott anvertrauen, die sich seiner Führung unterstellen, die ihr Leben auf ihn bauen, denen verheißt Gott: »Selbst wenn eine Mutter ihren leiblichen Sohn vergessen würde, ich vergesse dich nicht. Sieh her: Ich habe dich eingezeichnet in meine Hände« (Jes 49,16).

Ich vergesse dich nicht: »Ich bin mit dir bei allem, was du unternimmst« (Jes 1,9).

Du brauchst dich nicht mehr zu sorgen und zu ängstigen: »Ich führe dich auf den Weg, den du gehen sollst« (Jes 48,12).

Ich verlasse dich nicht: »Ich bin mit dir, ich behüte dich, wohin du auch gehst ... ich verlasse dich nicht« (Gen 28,15).

Denn »ich will Dein Vater sein, und du sollst mein Sohn sein« (2 Sam 7,14).

Danke, Vater!

Danke, Vater, daß ich Dein Kind sein darf.

Danke, Vater, daß Du mich so annimmst, wie ich bin.

Danke, Vater, *daß Du mich trägst und führst.*

Mit ganz einfachen Mitteln können auch Sie mehr Liebe, mehr Frieden und mehr Licht in unsere dunkle Welt bringen:

Überlegen Sie doch einmal, welchen Bekannten und Verwandten (auch Kindern, Nichten und Neffen) Sie dieses Buch über Gottes Größe, Liebe und Treue schenken könnten!

Auch in Ihrer Umgebung suchen Menschen den Sinn und das Ziel ihres Lebens!

Georg Popp

Die Macht der kleinen Schritte

Wie bewältige ich meine Ängste und Probleme?
Wie gewinne ich mehr Sicherheit und Selbstvertrauen?
Wie finde ich mehr Ruhe und mehr Ausgeglichenheit?

»Schritt für Schritt zeigt Georg Popp auf, wie wir unser Leben ruhiger, gelassener und ausgeglichener gestalten können; wie wir ohne große Anstrengung mit ein wenig Mut und Hoffnung des Leben positiv verändern können.« (Neue Bücherschau)

»Als ein kleines 1 × 1 der Lebens- und Problembewältigung versteht sich Georg Popps empfehlenswerter Ratgeber . . . Er bietet praktische Hilfen . . . Wer immer gewillt ist, sein Leben aktiv zu verändern, dem steht Popp mit begründeten Ratschlägen zur Seite.« (Hamburger Abendblatt)

Georg Popp

Von Jesus lernen

Wegweisende Worte aus dem Neuen Testament

»Der Leser wird ermutigt, für das eigene Leben unmittelbar von Jesus zu lernen und dadurch Kraft zu gewinnen.«
(Fuldaer Zeitung)

»Dieses Taschenbuch bietet eine Hilfe an, damit wir Jesus besser kennen und verstehen lernen. Es enthält in alphabetischer Reihenfolge Stichworte, so daß man zu einem bestimmten Thema alle wichtigen Bibelzitate findet.«
(Zeichen der Liebe)

»Die Begegnung mit Jesus im Neuen Testament hat Georg Popp fasziniert. Man spürt diese Begeisterung förmlich auf den ersten Seiten seines Buches.« (Deutsche Tagespost)